伍詠光

累了，躺躺吧

——為超載心靈減重

攰了，躺躺吧——為超載心靈減重

作者／伍詠光
策劃編輯／伍詠慈
美術設計／liolliol
出版發行／突破出版社
香港沙田亞公角山路33號突破青年村
電話：2632 0000　傳真：2632 0388
電郵：breakthrough@breakthrough.org.hk
網址：http://www.breakthrough.org.hk
http://www.btproduct.com
承印／新世紀印刷實業有限公司
2022年4月初版1刷
2023年4月初版2刷

Restoration of Inner Equilibrium
by Ng Wing-kwong, Ringo
First Printing, First Edition, April 2022
Second Printing, First Edition, April 2023

Printed in Hong Kong
ISBN 978-988-8562-61-9

本書經文取自《新標點和合本》，版權為香港聖經公會所有，承蒙允准採用，特此鳴謝。

誠邀閣下就突破出版社的書籍發表意見

歡迎加入突破書籍 Facebook page — http://www.facebook.com/btbooks.page

本書採用環保油墨印刷

生 活 與 輔 導

關懷、連繫、復和、

溝通、對話……

凝視心之脈動，

直到重新尋獲自己的心。

目錄

1 思想：淨化焦慮

2 情緒：放負排毒

3 關係：換一種視野

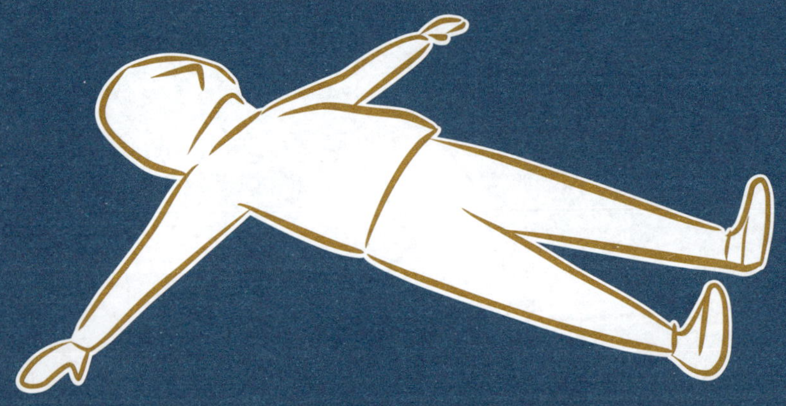

4 生活：反樸歸真

你以為天際漆黑一片，

只因尚未躺平，仰望天上的繁星。

「我們躺臥在羞恥中吧！願慚愧將我們遮蓋住吧！因為我們犯罪得罪了永恆主我們的上帝了，……」

〈耶利米書〉3 章 25 節

（呂振中譯本）

在古猶大國，耶利米先知看見社會上的不公義，義人被囚，是非顛倒，所以寫下這節經文。

他生活在主前第七世紀末至六世紀初，正是猶大國末期。這時，猶大國受着鄰國如亞述、埃及和巴比倫的欺負和壓迫。但國王無能，宗教信仰敗壞，是猶大國最黑暗的時代。

忠言逆耳，他的說話也得不到朝野和百姓接納，反被迫害、鞭打和監禁。這也是他人生最黑暗的時期。

前言：我寫躺平的理由

這幾年你憂愁嗎？

憂愁中，你有問這兩條問題嗎？

- 苦難太多，人漸漸失去意志，充滿無力感，充滿負能量，怎麼辦？
- 如果選擇繼續前行，但無力、無動機，還有什麼可做？要怎樣做？

經歷了這幾年，我停止了寫作。一方面沒心情，另一方面，不知要說什麼，好像說什麼高言大志都會離地。整個人很累，也很想躺平，什麼都不做。

躺平時，其實我還在不斷積極地思考：「一個人經歷艱難時，需要的是什麼呢？」

* * * * * * *

我想起兩個經歷：

經歷一：

2019 年，我患上使我感到無比痛苦的病，就是耳鳴。這耳鳴不是一般的耳鳴。我的頭腦內會響起三種聲音，聲量時大時小。而且，這「環迴立體聲」是 24 小時播放不斷的。這影響我的聽覺、心情和睡眠。醫生都向我說，這是不能治愈的病，叫我與它共存。我想，誰人會想跟敵人和苦難共存呢？我心知道，對於沒有經歷過這痛苦的人，是沒法明白和理解的。

在極度沮喪的時刻，我停止所有工作，要休息，要躺平。

有一天醒來，我開始留心家中的事物。我看到窗前的一盆植物，竟然全數開滿了燦爛的藍色小花。當時，我感動得落淚。我感動不單是花的美麗，是感覺上天對我的不離不棄，用一盆平凡的植物，帶着笑臉向我說：「生活不一定很苦。」

在苦難中，我的確笑不出，只是每天都沮喪無助。苦難不會因我的眼淚而離開。但在苦難中，即使未見盼望，也能以一點甜去撫慰。

經歷二：

2021 年，一次我到了離島一處退修。那裏有個很大的花園。花園中，我看見大部分的樹木生長到某一個高度，都被砍掉枝條，不能再長高。可是，在受傷的枝條上，會生出新芽，繼續生長，沒停下來。我最初自問，為何園丁如此狠心。再想，因為那處很當風。所謂樹大招風。樹木要繼續活下去，不被狂風吹倒，韜光養晦，園丁唯有忍心修剪。

自我修剪，為了在狂風中繼續生存。

以上兩個問題和兩個經歷，給我有以下體會：

第一：苦中嚐到一點甜，才能在苦難中堅持多一會。

第二:苦難中，學習韜光養晦，才可以孕育新的生活模式。

在躺平時，我重新領會「躺平」兩個字。「躺平」似乎不是消極，而是一條新出路；也未必是一個方法，而是心態和人生觀的重整。可能，「躺平」是渡過苦難的其一出路，也是我想寫這本書的目的。

Ringo

2021 年 12 月 24 日

導言：躺平不是放蹕，而是⋯⋯

這幾年，我們都經歷苦難和風暴，累積很多負面情緒，走進無盡的無力感。

很多人想選擇躺平。

歷史上，原來不同時代、不同社會都出現類似「躺平」的概念：

- 古希臘不問世事的「犬儒主義」（Cynicism）；
- 中國先秦時期老莊思想中的「無為」；
- 中國魏晉南北朝的「清談玄學」；
- 西方 60、70 年代的「嬉皮士」（Hippie / Hippy）；
- 千禧年代在英國開始出現的「尼特族」（NEET, No Employment, Education or Training）；
- 2016 年在日本出版的《低慾望社會》描述失去上進心和慾望的年輕一代，和差不多同時期台灣盛行的，不想追求「大幸福」的「小確幸」文化。

很多人覺得躺平是佛系、低慾望，甚至厭世，帶着很多偏見和負面，覺得會拖垮經濟，拖垮社會。

如果仔細地考究歷史（你試 Google 下），每種躺平都有着類似的背景，多數是對社會上「亂世」、「過多」、「過分」或「不公平」等現象的一種反動或無聲批判。

「躺平」不一定是大眾看的慵懶，剛好相反，躺平不是「放肆」，而是一種適應，適者生存；一種態度，守住尊嚴；一種潛活力，孕育生長。

「你們要休息，要知道我是神！」

這是《聖經・詩篇》中的一節金句。

「休息」（rapha）這個詞在希伯來文原本的意思非常廣泛，不只用「休息」兩個字去形容。Rapha 的意思可以是：懶惰、軟弱、放下、躺下、放棄或停止……等意思。

而「知道」這個字，也包含着「知識」和「經歷」兩方面去認識上帝。

放在一起，正正表達出躺平反映着不同的面向，在思想的層面要放下，在情緒的層面容許軟弱，在生活的層面可以停止和慵懶。

故此，我想給「躺平」一些新意義：

1. 躺平是一種「被動」(passivity)，這被動似太極拳的套路，以柔制剛，以退為進。

2. 躺平是一種反叛（rebellion)，對內心的不滿和憤怒的反應，在苦難和困境中，誓要找出路。

3. 躺平是一種淨煉（distillation)，在靜止中才可辨識幾乎沉沒了的感受和焦慮。

4. 躺平是一種視野（insight)，躺着，才能讓視線換轉到另一個角度去看事物，去看自己。

5. 躺平是一種休息（resting)，在風大雨大下的休歇，用另一個角度，是自知和自重。

6. 躺平是一種反璞歸真（restoring)，重尋真我，回歸初心，像回到嬰孩初生時的狀態。

7. 躺平是一種另類（alternative)，反對主流，尋找出路。

8. 躺平是一種行為藝術（performing art），以行動去表達內心的無聲抗議。這好像《聖經》中的以西結先知。上帝吩咐以西結「躺平」，先向左面躺着 390 日，之後向右面躺着 40 日。神要預告猶太人的苦難，因為他們咎由自取。這是一種先知式的隱喻。

從以上所見，躺平不是敗退，也不是放棄自尊。相反，這是一份執著和尊嚴的展示。

躺平，想在黑暗中看見希望

人在苦難中是最脆弱的時候，才是最能停下來，最易接觸內心深處，最能感受情緒的時候。這一刻，人便漸漸發現真正的自己，內在的尊嚴會油然閃亮出來。

這本書探討如何化解累積日久的負能量，看見內在阻礙着生命的潛在焦慮和哀傷，希望重新認識、肯定和反省自己，以致在黑暗和幽谷中，仍然可以活得有尊嚴，尋找希望。

我們會從生活四方面入手，思考如何沉着應對和重回生命正軌。

第一部分：思想：淨化焦慮

發掘潛意識裏的焦慮

這幾年，我們帶着拚勁，靠理智，去對抗命運，實質內心充滿抑壓的情緒，甚至有時不由自主地掉進思想的陷阱，還不知道。

負面思考，原來源自潛意識作祟。心理學家弗洛依德（Sigmund Freud）主張，潛意識當中很多是人未解的焦慮。先躺着，讓焦慮漸漸浮現，方能明辨真理，找回初心；同時為過去接收的那些顛倒是非和腦殘的思想攻擊解毒和煉淨。

第二部分：情緒：放負排毒

放負就放到底

這幾年，日積月累太多負能量。有人積極地提出正向思維，有人卻向正向思維説不，因為覺得它離地。

由哲學家 Alan Watts 提出的「倒退法則」（Backward law）説明，當人感到負面時，如果還要強裝正面，結果只會弄巧成拙，負上加負。先躺着，不如 be positively negative；執著負面，沉溺一下真正的情緒。難料負負可得正，發現一場情緒的顛覆。

第三部分：關係：換一種視野

消化關係中的距離感

關係上最大的障礙不只是距離，更是距離感。在移民潮下，大家都告別很多親朋好友，同時可能有種「被遺棄」的感覺。我們沒有權阻止，也沒有權發言，畢竟這是一種沉默的哀愁。心中只有含着淚説 goodbye，含着淚説祝福。唯有學習一種前所未有的告別，想像一種嶄新的連繫體驗，不要只剩無奈。

第四部分：生活：反璞歸真

度身訂造自己的常態

世界沒給你喘息。空間，從來沒有人奪去，只是你過去拱手相讓。你就不如躺平，有時休息是為了再休息，有時「行動中」也可以休息。

人人都説「新常態」。有沒有敢回答想要怎樣的新常態呢？今日的新環境下，彷彿什麼都不可以做，還有什麼意義？其實，生活不在乎「新」，也不在乎「做什麼」，卻在乎「如何做」。一些平常的事，只要用心去做，就會發現豐富，發現新的空間，也可以重新打造「美好的」生活。

以上是我對這幾年的遭遇的一些整理。坦白說，對於一些人生和前途問題，我都尚未有答案。可能，世上根本沒有一套純理性，而又完整的答案。

答案，我會這樣形容：

或許，有時躺着，抬頭仰望天際，在黑暗中看到繁星，內心便驟然湧現一道暖流，這刻就頓悟出「答案」。

這本書，寫給會躺着、會抬頭仰望天際的你。

探視自己思緒，淨化內在的焦慮　隨之重尋初心

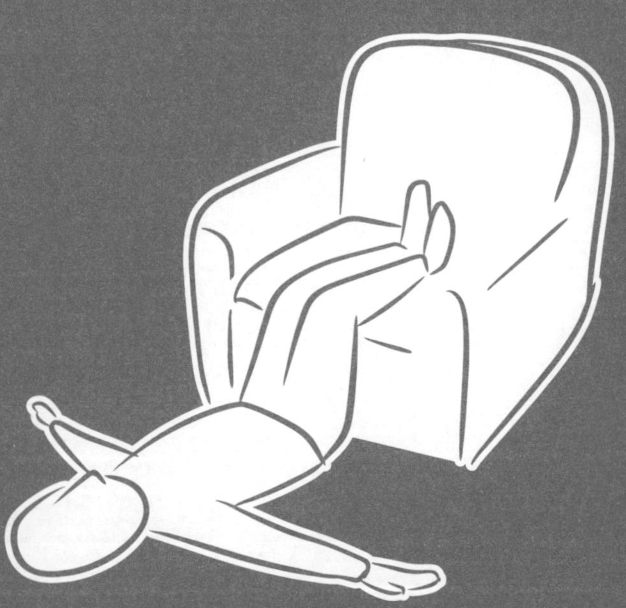

7

思想：淨化焦慮

懂得分辨是非，做人問心無愧。

發掘潛意識裏的焦慮

這幾年，我們帶着拚勁，靠理智，去對抗命運，實質內心充滿抑壓的情緒，甚至有時不由自主地掉進思想的陷阱，還不知道。

負面思考，原來源自潛意識作祟。心理學家弗洛依德主張，潛意識當中很多是人未解的焦慮。先躺着，讓焦慮漸漸浮現，方能明辨真理，找回初心；同時為過去接收的那些顛倒是非和腦殘的思想攻擊解毒和煉淨。

個個都做KOL，唔通個個都想做KOL？

為什麼在亂世，很多人跑出來自認 KOL 專家內行人知情人？

原來他們內心都缺乏能力感。

在動盪的時代，你會發現網絡上，很多人自稱為專家，對新聞、政局、時事、難題等，都發表很多偉論，向你提出很多意見，說得天花亂墜。他們明明對議題懂的不多，一知半解，卻總擺出一副「我最懂」的模樣。更甚的是，他們不但自以為博學多才，還會在網上網下散播他們的「偉論」，甚至不惜跟人雄辯滔滔，不住爭論，場面實在尷尬難堪。

在心理學上，這種「冇料扮四條」的現象叫做「達克效應」(Dunning-Kruger effect)，即人愈是一知半解，愈有一種無形的「自信」，覺得自己很懂。「達克效應」的名字是由美國康乃爾大學的社會心理學家 David Dunning 和 Justin Kruger 之姓氏所組成。他們透過研究，發現這是一種認知上有缺陷、能力上有欠缺之人，既無法認識到自身的無能，也不能準確評估自身或周遭人士的真實能力。

「達克效應」其實不單純是一種表面的吹噓，而是一種潛意識的作用。能力感對人很重要，當人害怕自己欠缺能力，便會想辦法防範自己失控或受傷，因此可能會自欺欺人，裝成自己有能力，有知識，情況好像一些生物在危難時會把身軀變大，裝胸作勢。

「達克效應」又給我們另一個啟示，原來「真自信」反而是「大智若愚」。真自信需要一步一步磨練出來的。

- 第一步：「過分自信」，明明半桶水卻自以為是，「不知自己不知道」。
- 第二步：「拆毀自信」，當躊躇滿志時，卻驚覺自己的自信不堪一擊，便從原先的自信落入自我否定，「知道自己不知道」。
- 第三步：「重建自信」，在徹底確認自己的無知後，真心地求問學習，累積知識，「知道自己知道」。
- 第四步：「不亢不卑的自信」，掌握更多知識和經驗後，漸漸體會知識的局限和自己的限制，「知道自己知道和不知道」。

不亢不卑就是肯發問、肯聆聽、肯認錯的勇氣，對自己的好和壞都能接納。

後知先覺

不接受人的無知，以為自己「全知」，其實更顯出「無知」。

那些說話胸有成竹的人，我對他愈懷疑。

有早知無乞兒。我們基本上沒法預知未來。

可是，我們卻常常以為自己「後知先覺」，即當事情發生了後，我們會跟別人和自己說：「我一早已經估到了！」這種「馬後炮」現象雖然可能給我們一種近乎「全知」的安全感，不過有時會誤導我們，一方面跟人發生無謂的爭論，另一方面妨礙我們去求真，無法認真去尋找更多根據和知識，把事情看得更立體和全面。

這叫做「後見之明偏誤」（Hindsight bias）。

奧斯陸大學的 Karl Teigen 在 1986 年進行一個實驗去研究「後見之明偏誤」。他給學生評估一些常見的諺語，例如：「人不可以貌相」。他發現一個有趣的現象，當他給學生「愛比恐懼大」這一句時，學生都會說：「對呀，正是這樣。」當他給學生一個相反的概念時，即「恐懼比愛大」時，學生也同樣認同。他認為很多人都以為自己對於很多事情都感到是意料中事，好像常識一般，失去反問精神。

基本上，人害怕未知（uncertainty），會用盡不同的心理方法去令自己相信：人定勝天，可以掌握未知。因此，人在潛意識之中可能會改變自己的固有想法，希望去貼合真相，或者用新的想法去迎合現況。可以說，人很懂得欺騙自己，令自己安心一點。

可怕是，人不但自欺，也可能自嚇。人們可能把一些事情或新聞看得過分着緊。例如，當人看到在一直甚少交通意外的地方，竟然發生了一場嚴重車禍，他會想：「天呀！這個地方本就是交通黑點。」當你要坐車經過那地方時，便會憂心忡忡。當你再聽到該處發生相似的交通意外時，更會説：「我早估到了，那裏很危險！」

人本身想突破「未知」令自己安心，卻換來更大的焦慮。所以，有時會出現很多無謂的恐慌：例如以為什麼地方會生亂、什麼地方很危險、那兒有人搶購食物、這裏有人搶購口罩……

「未知」可怕嗎？你寧願做個對自己的「無知」更無知的人，還是接受自己的「無知」，願意多聽、多看、多思考，先做個「自知」的人？

Fake 當真的時代

這是個 fake news 遍佈的時代。

因為時勢太亂，太沒安全感，post-truth era 隨之而生。

這幾年，我們不用提防小手，而是要提防 fake news，事事要 fact check。可是，我們卻見很多人連 check 都不願便信以為真。不是懶，而是一種心理潛意識狀態。

我在英國留學時，曾經遊歷蘇格蘭的尼斯湖。眾所周知，尼斯湖出名在水怪出沒。多年以來，雖然曾經有人拍攝過一些疑似的相片，但始終沒有人證實有水怪這回事。可是，有些人仍堅信，如果我沒法找出推翻的理據，又沒法證實「沒有水怪」，不如寧可信其有，不可信其無。

這其實是一種「訴諸無知謬誤」（Argument from ignorance）。當人在無法找出證據的情況下去判斷一件事是錯的或假的，便假設這是真的或對的，或者任何解釋都可以有效。這可能是一種思想上的懶惰，或者以「無知」去掩蓋自己的「已知」，以求減少不安的感覺。

童年時，我和同學都喜歡說鬼故事，覺得很刺激。有時候，我們會提到學校和所住社區一些有鬼怪傳聞的地方，大家便開始相信那兒「真的有鬼」，然後避之則吉，大膽的同學或者就去「探險」。

我在英國讀書時，一次在倫敦某處發生恐怖襲擊，我母親立即致電給我，以為我身處的地方正受恐怖襲擊，感到非常擔心。每逢有朋友向我提起倫敦，一定說那裏天氣很差，常常被大霧籠罩，因為他們以前聽說過。其實，我覺得倫敦的天氣比香港更爽更好。

又有一種無知是「扮中立」。即使議題屬大是大非，有些人都說要保持中立。他們對議題根本缺乏深入了解，不敢貿然下定論，但又想發表意見，因此以一種「似是而非」、「站在道德高地的姿態」、「兩邊都唔幫」的表達以示中立，我們只會俗稱他們「中立L」。

在現今動盪的日子，人與人之間很多猜疑，很多解不開的死結，常常懷疑別人背後做了很多壞事，在未有實證時，就已經振振有詞地判決別人有罪，甚至已在網上公審。這些公審其實只不過是：「唔好理，總之他一定有做！」「你看，他不澄清，所以一定有做！」什麼是公義呢？公義是放下自我，先從別人的觀點或多重觀點去看清事實的真相和全貌。

錯的假設得出錯的結論

在恐懼彌漫的時代，人人都會提高警覺。

防範潛在敵人的方法，是提早假設，但最後可能演變成未判先審。

面對這個有很多未知的世界，我們需要先定下一些假設去應對。最簡單的例子是，我們走過一條山路，發現有一條蛇爬過，下次當我們要再次走這條山路時，會特別小心，怕會有蛇再出現。目的是，保護自己。

不過你會明白，過多假設就會變得先入為主，這叫做「肯證偏誤」（或稱確認偏誤，Confirmation bias）。肯證偏誤是有關人如何蒐集和處理資訊。我們的腦袋原來很懶惰。人會按着自己一貫的想法或思路去蒐集和處理資訊，將它們放入一個一個「儲物箱」。

可是這可能導致問題出現。如果你一早對一個人有偏見或負面印象，他之後在你面前的所作所為，不論他懷着任何動機，你會傾向想得負面，想像他一定立心不良。

這個現象會常常出現在情侶或婚姻中間。男女相處日久，總會透過認識和互動，漸漸發現對方令你不滿的地方，當對方再次做出相類似的行為時，二話不説就想到「他又是這樣」、「他真是死性不改」、「他總是不顧我感受」等內心指控，令自己情緒更高漲。這時候，人很難會想到這次行為可能是「例外」，對方另有動機或原由。

當然，「肯證偏誤」也會發生在政見和意見不同的情況下，當人將別人看成政見對立的羣體時，對方說什麼、做什麼在你看來都會是錯的，你會將過去和現在的觀察串連在一起，加上評論，對自己的判論就感到愈來愈有說服力。

而當人因為以上偏誤而向對方破口大罵時，對方自然會反擊，在衝突產生時，人更肯定自己的假設：「他正是這樣！」，而「肯證偏誤」漸漸根深蒂固，牢不可破。

或許，我們最好常常使用 benefit of the doubt，將疑點利益歸給對方，即放下假設，嘗試想：對方今次可能不是這樣，讓對方有機會解釋和表達。自然地，你會更立體和多面地認識對方，修正你的肯證偏誤和腦袋中的「儲物箱」或 database。

假裝正常

自欺沒問題，但不要欺人。

常常掛在口邊說沒問題（有人說沒有人移民、沒有經濟問題、沒有反對意見），視而不見的人，其實是掩耳盜鈴，沒膽子去面對。

很多心理學家嘗試解釋為何在新冠肺炎疫情開始時，很多西方國家的人，甚至政府都似乎掉以輕心，不太着緊。一方面，他們可能討厭戴口罩，另一方面他們可能有着「正常化偏見」（Normalcy bias）。很多個人或政治團體都宣傳說沒問題，或淡化問題，請大家放心，其實都犯上以上偏見。

顧名思義，「正常化偏見」是人將危難或困難看成是平常，認為跟平常情況差不多，不用立即行動去防衛或對抗。心理學家解釋正常化可以令人內心感到安定，不用慌張，是一種自我鎮定的心理作用。

同時，心理學家也發現「正常化偏見」跟人的羞恥感有關。當人在危難時，第一個發現狀況的人可能會想，如果我錯誤評估形勢，做「吹哨者」（Whistle-blower），可能遭到其他人懷疑他只是「過敏」，甚至受到指責和懲罰，到時自己便會承受更大的「災難」，不如說服自己「其實沒事發生」或「事情未必有我想得那麼糟」。這是一種恐懼「槍打出頭鳥」的心態。

作者 Amanda Ripley 在有關災難的 *The Unthinkable: Who Survives When Disaster Strikes-and Why* 一書中引用「正常化偏見」的概念，指出人們往往會以過去累積的經驗，來了解眼前發生的事，並且預期未來將會發生的事。這個策略在大部分日常情況下都算行得通。

問題是，有時人會因此變得更因循，反應過慢，過於小心，甚至否定和排斥一些非一般、非主流的意見，結果人要花上不少時間，犯過很多錯誤，交了很多「學費」，才能看清事實，最後認出眼前發生的災難，原來是「例外」。

記着，「正常化偏見」不是「船到橋頭自然直」的犬儒心態。「正常化偏見」也不是指在危難中的僵硬（freeze），不懂反應。「正常化偏見」不是平常心。平常心是知道有危難，不過用平靜和冷靜的心去應對。

「正常化偏見」是一種內心的自我催眠，因為害怕羞恥，是面子的問題。解決方法是謙卑地、勇敢地面對現實，實事求是，知錯能改 。

直覺當成理性

今日我們面對很多大小決定。

如果每個決定都花時間，會很累。

最終，還是回歸直覺。

這幾年，社會和家庭都有很多爭辯，每個人都義正詞嚴，而視對方是強詞奪理。在焦慮的時候，其實人往往走向一種「理性的假象」，增強安全感。

例如在輔導室中，我曾聽到丈夫妻子會指責對方經常亂購物，亂花錢。被指責的一方會振振有詞地講出無數的購買原因。當然指責的一方通常都不會相信，覺得對方只在找藉口。

我先不懷疑他們說話的動機是否強詞奪理，事實上心理學家指出有一種叫「內省錯覺」的偏差（Introspection illusion）。很多人以為自己對一些決定或選擇已經深思熟慮，原來只是其意識「自製」出一堆原因去替自己解釋。

維珍尼亞大學的學者 Tim Wilson 進行過一個「海報測試」（Poster test）。他找來第一組學生自由地選擇一張海報當禮物拿走。然後，他又找來第二組學生拿走一張他們最喜歡的海報，條件是他們選擇之前必須解釋為何選擇那張海報。

Tim Wilson 在六個月後對這兩批學生進行訪問。結果發現，二話不說直接拿走海報的第一組學生，表示仍很喜歡他們選擇的海報。而需要提出解釋的第二組學生，很多人最後都表示並非真正喜歡他們的選擇。

這個實驗説明了人對某些事的選擇根本是靠直覺和情感，而不一定理性。即使有些人跟你説他作的是理性決定，可能都是「找原因」去支持決定。心理學家發現，當人要向別人説出自己的愛惡和決定時，自覺必須把感性和最原始的慾念，轉化成有理性、有邏輯、有説服力的語言表達出來。「內省錯覺」不是刻意地找藉口，而是在潛意識中我們要為自己找原因去保護我們的感性決定。

今天，我們要做很多重要決定：轉工作、移民、買樓、尋覓伴侶……當人開始審視自己對一件事物的喜惡判斷時，原來會擔心別人怎樣看你，怎樣評價你。你便會想給別人一個大方得體的原因，反而漠視了內心的「原始感受」(可能是害怕、孤單、沒自信等)。與其説人是理性，可能真相反而是人是感性的動物。如果要找原因，不妨從決定中，嘗試問問自己內心的直覺、感受和愛惡，再問自己為何有這「感覺」。

記憶的陷阱

記憶是主觀的。歷史也是主觀的。

因此歷史要不斷以多角度去重構，令它變得比較「立體」。

經典電視劇有句對白：「我對眼就係證據」。究竟我們可以盡信自己的眼睛，盡信自己的記憶嗎？在紛亂的世代，似乎很多人都不講證據，只說自己記得是這樣，甚至感覺是這樣。公道嗎？

心理學家 Elizabeth Loftus 和 John Palmer 找來一組人看一部有關車禍的影片，片段中一部汽車撞向另一部車子，之後他們要求參加者回答有關於車禍的問題。

- 一些人被問的問題是：「兩車撞毀（smashed into）時車速有多快？」

- 另一些人的問題是：「兩車擦撞（hit）時車速有多快？」

結果發現前者報告的速度約時速 40.8 英里，後者報告的時速約 34 英里；實際上相同的影片卻受到提問訊息的影響，而產生不一樣的時速預估，這個現象稱為「錯誤訊息效應」（Misinformation effect），即我們的記憶原來會受插入或外來的資訊或暗示所干擾。

實驗未完。

一星期後，Loftus 和 Palmer 再詢問這兩組人有關車禍的問題，其中一道問題是「你看到了碎玻璃嗎？」雖然影片沒有碎玻璃，但被詢問兩車撞毀時速的那組人，都說看到碎玻璃，比率高於另一組人。

在心理學角度來看，記憶是一個建構與再建構的歷程，而非單純的將事件原封不動的存入與提取。

如此，當我們看一宗新聞時，可能會受其他不同報導影響；在法庭上，證人可能在跟其他人討論案件時受影響。記憶其實不是一個固定的狀態，反而是不斷流動和改變的。有時候，我們也分不清是記憶構成思緒，還是思緒構成記憶。當事件發生得愈久，可以說，我們的記憶可能會變得依稀，也愈不真實。

個人方面，我們可以為自己的重要事情存檔留紀錄，在更大的社會層面，我們更需要歷史見證。歷史紀錄和檔案是重要的，只有白紙黑字的原始紀錄，比較能給我們留下珍貴的見證和寶藏。

虛張聲勢

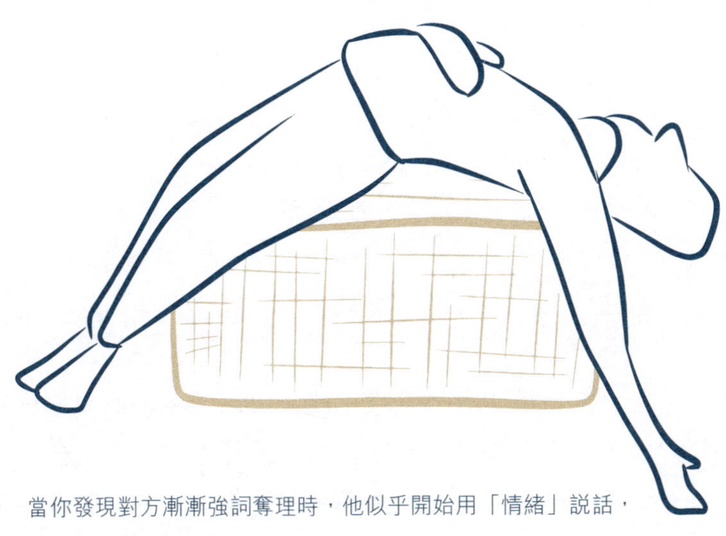

當你發現對方漸漸強詞奪理時，他似乎開始用「情緒」說話，你不用 take it personal。

憤怒容易令人失控，甚至影響理智。當我們跟別人爭持得「火紅火綠」時，以為自己用理性去爭辯，原來漸漸會變得強詞奪理。

丈夫妻子在爭論，誓不罷休。妻子漸漸展開攻勢：「你成日都是這樣，永遠都是這樣，你一定死性不改了。你都不愛我。」丈夫：「你總是這樣。你説得對，我肯定不愛你。」其實，大家心裏都重視對方。

近年在香港，我們常常聽到什麼叫愛國，什麼叫不愛國的爭論。困擾的地方是，有些論點根本上令人很費解。

A：「你喜歡什麼車？」

B：「我喜歡日本車。」

A：「你一定不愛國！正一賣國賊！」

喜歡什麼汽車跟愛不愛國有何關係？

以上是一種叫「稻草人謬誤」（Straw man fallacy）的思考。表面上，人在爭辯時必定會找出種種論點去支持自己，打倒對手，而有些所謂論點不過是稻草人而已，即是一種虛張聲勢的表達，根本沒有實質憑證。同時，「稻草人謬誤」

也是一種情感甚至潛意識主導的思考和行為，出於害怕和憤怒。害怕和憤怒是雙生的，人因為害怕一些情況，便會產生自我防衛的能力，這能力出現之前，要有一股憤怒去支撐自己。人在害怕和憤怒交雜的時候，會干擾理性，用非理性的方法去為自己解圍，或攻擊對方。

「稻草人謬誤」的漏洞在於「偷換概念」，保護自己的核心命題不容易被攻擊。一方面，如果是你擺出「稻草人」，請先留意自己情緒，冷靜地幫助自己火氣降溫，慢慢的説，快快的聽。

相反，當有人對我們刻意使用「稻草人謬誤」的時候，我們都要先冷靜，不要受別人情緒打擊，要緊緊抓住原始概念或問題的核心，不斷對事情的概念和核心進行清晰的定義，並一針見血地指出這與「稻草人」的區別，就能讓對方的邏輯鏈不攻自破。

邪不能勝正？

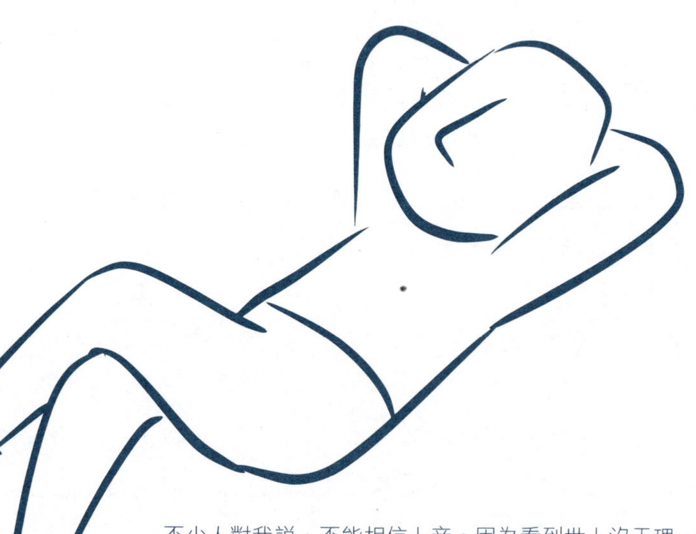

不少人對我說，不能相信上帝。因為看到世上沒天理，沒公義。我不是上帝，解答不到。但我知道，人們在苦難日子會對「天理」有點妄想，不過是想得到安慰。

「邪不能勝正」這五個字彷似很有道理，也可能令我們很苦惱。在紛亂的世代，我們很希望「善有善報，惡有惡報，若是未報，時辰未到」，可是世事好像《聖經》曾說：日頭照好人，也照歹人。甚至，好人遭殃，壞人卻得逞。

「邪不能勝正」的想法，其實可能源於一種心理，美國心理學家 Melvin Lerner 提出「公平世界謬誤」(Just-world theory)。他認為人假設世界是公平公正，認為壞事不會降臨在好人身上；如果某人遭遇不好的事情，是因為他做了壞事，所以惡有惡報，宇宙間有正義、秩序存在。人們懷着這種思想，主要是內心感到現實幻變不定、難以預測，甚至無常，所作出的一種簡化認知，意圖使世界變得比較「可預測」，減輕個人焦慮。

一方面我們自小接受一種「賞善罰惡式」的道德教育，師長為了警惕我們，搬出一套「善有善報，惡有惡報」的理念。另外，我們自己也會在內心建立一套簡單的概念，幫助我們去解釋和預測世界，令自己感到好過一點。

然而，現實世界並不是這樣運作，所以這是屬於認知偏見的一種，最常見的例子就是指責受害人，例如責怪被性侵的受害者是因為穿着暴露或者自願、病人要對自己的病因負責，但就沒有想過加害人才是應該被譴責。

其實，世事無常。好人和壞人都會生病，都會遇上好運噩運。每件事的發生都有不同的因素，未必是因為單一善惡的因由，輕易下判斷，很容易未審先判，做錯決定的！

有次在輔導室，我遇到一個自小都很不幸的朋友，他曾經自殺不遂，又患上精神病，沒工作，沒伴侶，看醫生都花了很多錢，仍未見好轉，反反覆覆。他一次在我面前很憤慨地說：「這個世界很不公平！上帝很不公平！」我心裏慨歎，並沒有一份「世界是公平的」心態，反而我回應：「對，世界真是不公平……但耶穌會為你的生命負責。」他立即頓了一頓，便流下眼淚。我想，他知道我明白他，也深知他不是孤單的。

不解釋就是解釋

很多事的發生都可能是無故的，無法解釋的。

為了減輕不安，有些人往往生安白造一些解釋和理論。

荒謬時代，更須要接受無常。

我們常常以為自己很有目標，甚至目標為本。可是，我們有否想清楚自己的目標是否一個有意義的目標？還是以有利自己的結果來後置一個目標？

在心理學上有個很有趣的概念，叫「德州神槍手謬誤」(Texas sharpshooter fallacy)，名字的由來是，有個德州人朝着自己的穀倉射了許多發子彈，之後在彈孔最密集的地方畫上一個圈，自稱是神槍手，謂命中了目標。

這個不是表面的自圓其説，而是潛意識的干擾，並非刻意的。

在第二次世界大戰時，倫敦居民注意到某些街道和地區總能逃過德軍炸彈的攻擊，之後大家開始相信，一定有些德國人或間諜住在那些地方，所以德軍不會攻擊這些建築物。後來，大家都發現這是一個謬誤，德軍的攻擊完全是隨機，沒有精心計劃。

從這德州神槍手的行為，我們看到人不喜歡接受出錯，當出錯時，仍然會好像俗語説：「跌落地揦返拃沙」或「死雞撐飯蓋」。問題是，我們沒有吸收錯誤經驗，加以修正，令自己變得更好。原來肯承認錯誤，找出問題，何其重要呢。

此外，德州神槍手偏差也說明人可能只看到一些相似的資料和印象，就立即下結論，沒有細心去找出一些不同或例外。這樣會令人漸漸變得不客觀，很批判。

再引伸下去，這也說明了人會在危難中，在未知的恐懼中，根據結果推論出一個自己想要的原因和目標，令失控的狀況有着一種「可掌控」的感覺。

在如此荒誕的時代，不如放下解釋，學懂「難得糊塗」，接受無常和失序，反而令人發現更多可能性，突破盲點，不會畫地自限，還會鍛煉出內心的堅強，應對未知。

無法計算的成本

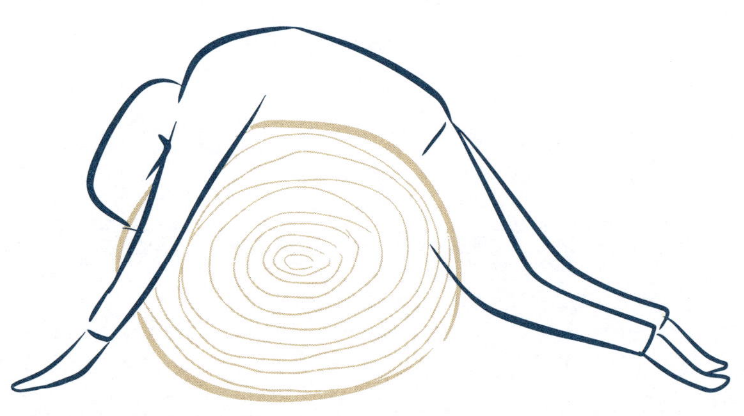

投入多少，就期望多少。

這幾年，我們對自己重視的事投入了很多心力，也曾經失望。

失望不只影響我們的情緒，還有思緒。

當我們做決定，當然要計現實成本及機會成本（即如果我不放棄，在決定後，會有什麼其他機會）。不過，我們會忽略了另一個成本，就是沉沒成本（sunk cost）。在思想上，我們會常常犯上了「沉沒成本謬誤」（Sunk cost fallacy）。

「沉沒成本謬誤」乍聽令人感到奇怪，卻常常在生活上發生。

當人正在進行減肥，一旦在午餐時間吃了一頓大餐，在晚上約了朋友時，便會掙扎起來，會想：既然今天已大吃一頓，不如讓自己今晚也盡情一番，明天才減肥節食。沒想到，吃了豐富的晚餐，後患無窮。

很多人排隊去光顧一間非常出名的食店，等了很久，還是大排長龍。身邊的朋友已經慫恿不如走吧。但你心想，既然排了很久，時間已花，不如再等下去吧。沒想到，要花的時間會更多。

很多人都會有一種賭仔心態，即使已經在這賭博桌子上輸了不少金錢，但既已「投資」了很多，不能輕易放手，感覺「損失」更大。這也發生在投資和打機上。沒想到，損手不如放手。

你花上很長時間去某個商場，即使最後發現商場沒甚吸引，都會想：一定要買些東西，否則對不起自己花了時間來到。沒想到，沒買東西也不算浪費，買了不用的東西更浪費。

手機壞了，拿去修理，已經花了點錢，之後手機又壞了，心想：都是再維修一次，否則上次的錢就白花了。其實上次花上的錢是沒白花的，因為給你用上一段日子。反而再花，未必有效。

很多時候，我們以為自己很理智，用理智去計算成本，原來我們往往是讓潛意識去為我們計算一種「無形的成本」，完全超越理性，用感覺去做決定。

我們堅持信念而受挫折，產生的沮喪，有時就因為感覺已付出了很多，又得不到結果，而非常悲哀。換個角度，如果放下這「無形的成本」，反而可以海闊天空。

面對曾經付出代價的事，有人選擇留下，有人考慮離去。有人會再做點事，有人會放棄。究竟成本是真實還是感性的呢？不是以成本為基礎，而是回歸初心，才能判斷。

你的理智原是「不智」

當我們以為自己很認真去創作和思考時，原來背後受着潛意識影響。

我們以為按自己的理性章法出牌，事實非也。

有時，當我們以為正在努力地思考時，原來我們的腦袋卻不太受控，背後受着個人的經歷、記憶、知識和見聞等影響，這些都是在意識以外發生。我們的大腦原來會隨它的隨機主意而流轉和聯想。我們以為自己控制腦袋，原來是腦袋正在控制我們，大腦才是大佬。

耶魯大學的心理學教授 John Bargh 曾做過一個經典的實驗。他要求一羣大學生重組 30 個包含五個英文字母的詞彙。他將學生分為三組，一組重組帶有攻擊性、不禮貌等負面的字詞，例如無恥、打擾和魯莽等。另一組學生就重組帶有禮貌性和正面的字詞，如氣質、服從等，第三組是控制組（control group），會重組一堆中性的字詞。

之後，他要求所有學生都要等待一段時間，才有研究員向他們跟進。結果發現，第一組看過負面字詞的學生只等待 5.4 分鐘便不耐煩地打岔，而另一組看過正面字詞的學生卻可以等待 9.3 分鐘，而中性字詞組都有 8.7 分鐘。原來人會受他們接觸過的事情影響自己的思維和行為。這在心理學上叫做「觸發效應」（Priming effect）。

這個概念對我們的影響非常廣泛，我們平日工作、創作、聯想或購物時，都會受腦袋已裝有的東西所影響，或受之前的事物刺激。為什麼？我們腦袋內的記憶和潛意識其實有着它們的排列和儲存方法。一個意念的出現可能會按着預設的方法被「觸發」出來。

所以，我們要小心有些人使用一些字眼：改革、變革、進行、安定……我們要留心會否被「觸發」出錯誤的好感。相反，對於一些負面的字眼，又是否一定是負面的呢？

更深一層，人可以在思考當中，嘗試進一步問自己為何有這聯想，當中會否代表內心另有其他想法，或者一些未圓的盼望。

因為我們對自我認識仍有很多空白的地方，要更認識自己，更要常常問自己 why。

不想成異類

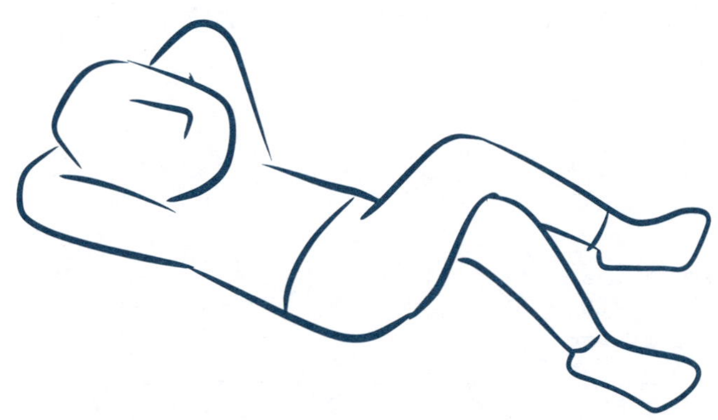

在網絡圍爐的世代，很多人會以為自己的意見是主流，世上有很多人跟自己同一想法。

一旦有人跟自己意見不符，便指責別人是異類。

最終，可能自己才是異端而不曉得。

沒有人想成為異類，也不想標奇立異。所以很多人寧願跟隨大隊。有時候，這種不想成異類的心態可能是潛意識的狀態，自我麻醉自己並非異類，與大部分人差不多的。

一些有特殊學習需要孩子的家長，往往不願意接受自己的孩子有學習障礙問題，而逃避處理，強迫孩子滿足一般主流學習要求。另有一些所謂怪獸家長，他們認為自己的孩子跟其他優秀的孩子差不多，也能達到很高的水平，因此給孩子很大壓力。

以上心態叫做「虛假同感偏差」（False consensus effect），指人常常高估或誇大自己的信念或判斷，以為大眾跟自己一樣，自己的想法沒有問題。

1977 年史丹福大學的社會心理學教授 Lee Ross 進行了一項簡單而有效的實驗，證明「虛假同感偏差」是如何影響人們的知覺和決策。在研究中，參加者被要求閱讀關於一宗衝突事件的資料，並得知有兩種對此衝突做出回應的方式，參加者需要做以下三件事情：

1. 猜測其他人會選擇哪種方式；

2. 說出自己的選擇是什麼；

3. 分別描述選擇這兩種回應方式的人的特徵。

實驗結果顯示兩個發現：

首先，無論參加者選擇了兩種回應方式中的哪一種，他們當中更多的人認為別人會做出和自己同樣的選擇。其次，參加者試在描述和自己持不同意見、對於和自己持有不同選擇的人，都會認為他們有點兒不正常！這其實也是一種偏見和偏差。

不論是出於「怕執輸」或是「人怕出名豬怕肥」的心態，「虛假同感偏差」這種怕異類的想法可能是害怕自己被點名、被批評、被排斥。人怕衝突，就保持沉默，反而滅了公義的聲音。

可是，那種過分自我保護卻影響正確的判斷，看不到另一面的事實，最後令自己更「離羣」，可能變得麻木，或自以為是，自我膨脹。

突破這個偏差要透過換位思考的心理方法，嘗試接納自己不一定是對的，多看不同資料和了解不同的可能性，走出自設的思想框框。

眾人皆醉我獨醒

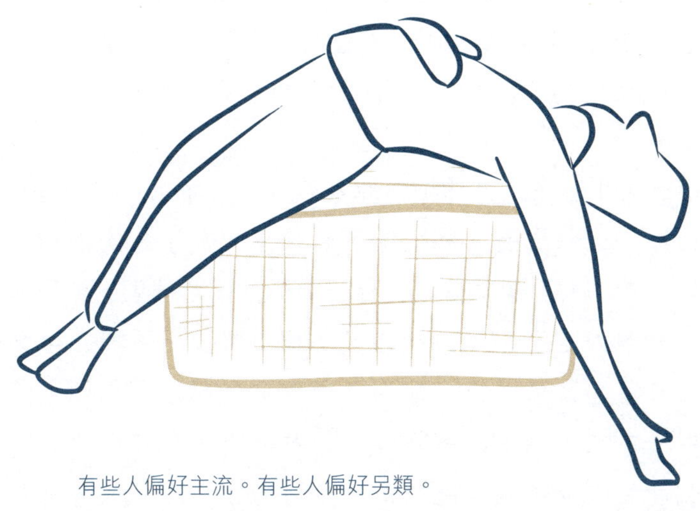

有些人偏好主流。有些人偏好另類。

跟主流好，走另類也好，你知道自己有否受內在的自尊心影響嗎？

在資訊紛亂的世代，我有些朋友熱切地每天閱讀新聞，可是他們往往愈讀愈抑鬱，愈讀愈悲憤。我又有另一些朋友早已放棄閱讀新聞，逃避不利和激心的消息，寧願做個不聞不問的人。究竟我們應該帶着什麼心態去閱讀資訊？

在疫情開始時，有一批人因為聽信一些小道消息，說廁紙短缺，於是瘋狂地搶購。不過，這裏也有另一批人，他們蔑視受資訊影響的人，覺得自己不會容易受外界資訊影響，可是因為不想被瘋狂的人搶購一空，也購買一點物資。最後，兩班人都去搶購廁紙。

在心理學上，後述那種自以為「眾人皆醉我獨醒」的人，其實背後都是受資訊無形影響的現象，叫「第三人效應」(The third person effect)。在這種現象下，人會覺得自己不易受他人的言論輕易影響，甚至構成憂患意識。

這現象不會令人立即相信他人言論，反而令人對一些相信言論的「豬隊友」和這些言論反感，甚至逆勢而行。例如，當人人都聽聞樓市會升，紛紛搶購新樓盤，他們卻認定其他人是瘋了，自己立定心意不購買，可能之後又後悔。有些家長討厭一些人云亦云的怪獸家長作風，因此對子女放軟手腳。有時候，在選舉中，有些參選者大熱倒灶，或少數派也能當選，都可能跟「第三人效應」有關，他們就是吸納了一些「另類」選票。

「第三人效應」源於人的自大心態，覺得自己比他人優越，並不是一般街坊市井，因為人人都想與別不同。可是，「第三人效應」的荒謬之處，是人不想受別人影響，最後物極必反，一心以為不受資訊內容影響，反而受那些相信資訊的信眾行為影響。試問這樣客觀嗎？

在網絡發達的時代，我們更容易看到資訊的風向，反而令我們更害怕成為大眾的豬隊友，愈害怕受別人影響，卻反而變得更易受人影響。其實冷靜思想，看清事實才是王道。所以獨立思考很重要；獨立，不一定與別不同，而是願意聆聽和吸收意見，之後可以自行去分析，也願意挑戰自己原先的想法。

社會變得冷漠

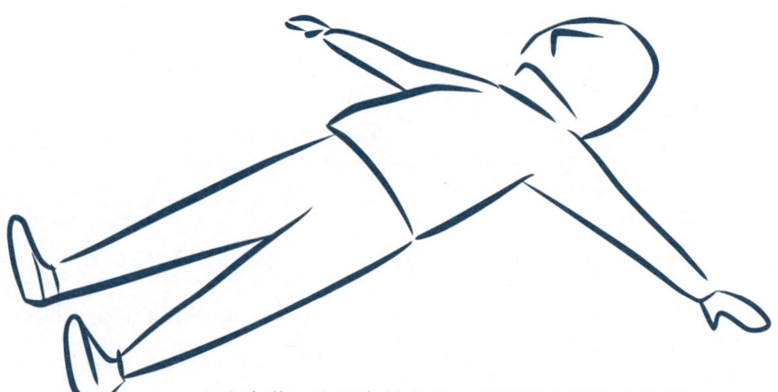

人的冷漠，除了出於自私，就是對自我抱有懷疑。

不願付出，是掙扎自己會否做得過多，會否做錯決定，會否很笨。

在投票活動中，有些人會說：「多我一票不多，少我一票不少，我的一票改變不了結果。」

課室內，有同學會說：「很多同學都抄功課，又不只是我一個，所以我抄功課沒問題吧！」

在健身室內，一個教練指導着學員，不過是幫他提一提起一個很重的啞鈴，學員便會稍為放軟一點手腳。

以上的現象叫「社會性怠惰」（Social loafing），指當人處於羣眾之中，願意付出的努力會隨之而減少，因為覺得別人會效勞。

可是這會產生不少問題：如果每個人都大安旨意期待他人付出，那麼人人都不會盡力，結果就自然不似預期。

而當中還有人會盡力而為，但面對不似預期的結果，付出的人會感到很不公平。放諸羣體或社會，有些人最後會覺得自己被人賣豬仔，感到很氣餒。

對於不公義的情況，如果每個人都期望其他人發聲，或者覺得自己的聲音沒幫助，那麼便沒有人肯為公義發聲。

這也是一種「旁觀者效應」（Bystander effect），在路上見到一個人跌倒，心想其他人都會去伸出援手，容讓自己擦身而過。這樣下去，這世界會變得愈來愈冷漠。

有些計劃項目，因為參與者和持分者眾多，反而影響效率，令計劃的時間和花費大大提升。而一旦發生問題，很多參與者便更容易推卸責任。

生活中，我們需要羣體，但羣體可能帶來以上風險。因此，我們需要完善的制度和清楚的問責，分工和權責要分明，每個人和工作要在陽光之下，人才不容易怠惰起來，也不會容許有人躲在背後，坐享別人的努力和付出。

找出最大公因數

多元不代表分化，也不代表矛盾。

多元其實提醒我們要共融。

共融是擴張自己的境界，及對別人的尊重。

疫情對我們心理其中一個影響，是使我們某些行為、想法變得僵化，導致人際關係中的分化。

加拿大哥倫比亞大學心理學教授Mark Schaller做過兩個實驗。

第一個：他問一班學生是否願意更改學校裏的評分制度，要求他們放一個硬幣入一個寫上「同意」或「不同意」的透明瓶子裏投票。結果是，那些「對傳染病比較恐懼」（fears of contagion）的學生會傾向跟隨其他人的意願，特別留意瓶子內硬幣的多寡，投向比較多硬幣的瓶子裏。那些「對傳染病相對不那麼恐懼」的人，不會這樣做。

第二個實驗是這樣：他詢問了一班實驗參加者有關心目中喜歡的人物。一班「對傳染病比較恐懼」的學生竟然會選擇比較保守或傳統的人物，而拒絕太多創意和藝術感的人物。這說明那些人寧願保守因循，也不想與別不同；寧願穩穩陣陣，也不想標奇立異。相反，那些「對傳染病相對不那麼恐懼」的學生，會相對是有創意，願意改變。

這說明在心理上，有些人寧願保守因循，就堅持保守，不想與別不同；而想改變的，就不甘因循。分化，就由此而產生。以下有種狀況，會令這種分化加劇。

當我們習慣看的人和事都是與自己一直擁抱的事見 / 態度符合時，我們變得愈是極端，愈聽不入另類的聲音，另類的意見，我們的世界就愈是狹隘。

人在價值觀、政見、種族、方法上，本就因着成長背景而不同。我想到，當人在如此巨大的危機下，會變得更不同，更分化。我們看到世界上愈來愈多極端政見、抗爭等，對立的各方彼此變得難以溝通。

你們聽過不少社交網絡公司使用的網絡演算法（algorithm）嗎？演算法應用於我們在網絡上的行為和習慣，就是根據我們一向的喜好選擇推算我們大概會喜好的事物，之後商人會向我們銷售和宣傳相關的東西。當他們得我們更多資料時，就更掌握我們的喜好。因此在社交平台上，我們愈來愈容易看見符合我們政見和喜好的人和事。這樣，我們的生活變得被動，是電腦和程式決定了我們可以看什麼，讀什麼。

我們都知道合一不是一致，而是可以和而不同。合一的重點不是「一」（一致），而是「合」，即是共融。

共融，是我們學習站在別人的位置去思考，了解別人的感受。這樣，我們有兩方面要去努力：

1. 我們要學習站在別人的位置去思考，明白別人感受。例如思想：對方為何會這樣想，為何會這樣做，背後有什麼初衷呢？

2. 我們要帶着 benefit of the doubt 的精神。不要太快假設他人「一定都會是這樣」、「他就是這種人」、「他一定會對件事有這反應」等。不要讓自己變得固執。

分化，不會成就大事；只有合作和共融，才能擴張視野和境界，找出平衡點，也找出新意，一起面對危難的處境。

這幾年，情緒很負面

既然旁人說我負面，不如就負面到底

2

情緒：放負排毒

不用向人偽裝情緒，做回自己。

放負就放到底

日積月累太多負能量，有人積極地提出正向思維，有人卻向正向思維說不，因為覺得它離地。

由哲學家 Alan Watts 提出的「倒退法則」(Backward law) 說明，當人感到負面時，如果還要強裝正面，結果只會弄巧成拙，負上加負。先躺着，不如 be *positively negative*；面對負面，沉澱一下真正的情緒。難料負負可得正，引發一場情緒的顛覆。

不想努力，容讓自己放任一趟

不想努力，可以是厭棄自己，也可以是自我復修。

不想努力，不是什麼都不做，「不做」也是「做」的一種方式。

不想努力的心態有很多種，可能是懶。不過，我認為世上沒有人本性想懶。這種人一生不斷被冠以懶的罪名，最後唯有索性懶着，懶給批評的人看。

其實他們很可憐、很委屈，究竟懶有什麼罪，為何人一定要上進呢？

大部分不想努力的人都不會是以上那一種。他們可能主要是厭世，甚至厭棄自己。試問，當你感覺已經盡上努力，都招致失敗，或者沒人看見，沒人欣賞，甚至被人看死，你哪有心力再去振作呢？

際遇這件事雖然很玄，難控制，也很現實。不是你說努力了就一定可以成功。別人會說，過程比結果重要，你努力過就不用後悔。這說法對未曾努力過的人還有意義，對身經百戰而戰死沙場的人來說，未免有點苛刻吧！

不想努力，不一定代表他想被有錢阿姨包養。不想努力只是一種內心對世界、對自己、對那些冷嘲熱諷的人的一種無聲抗議。人有時真的需要一點空間去抗議一下吧！抗議，是為了爭取和保護自己一點尊嚴。

一次遇見一位廿歲出頭的新手老師。他說很多前輩問他作為老師，有什麼「人生規劃」。他竟答不出，反被前輩們冷嘲熱諷。新手老師對我說，他們這代人就是躺平主義，人生為何要如此辛苦？因為，世界都沒給他們真正的機會。

另外，長久以來，人總覺得：積極是好，拖延是壞。不錯，時間是寶貴的。但拖字訣不一定代表浪費時間。

很多人以為拖延的人總是懶惰的，沒有設身處地去了解他們。拖延，其實是一種內心的信號。

信號一：疲倦

身體最誠實。當你已經出過九牛二虎之力都得不到成果，且試了又試，便會身心都感到極之疲倦，根本再拚死力都沒用。拖，只不過是一種休息和暫停。

信號二：沮喪

當你失敗過，再衝刺，再失敗，又衝刺，最後都是失敗的話，你會感覺沮喪和無力。沮喪是負面心情，但這心情提醒你不要橫衝直撞，應該繼而儲備力量，韜光養晦，沉實地思想究竟發生什麼事？有什麼地方要調整？有什麼目標要改動？

拖延，是累積和孕育內在動力（motivation）的時機，好像動物界的冬眠一般，蓄勢待發。

看通無力感

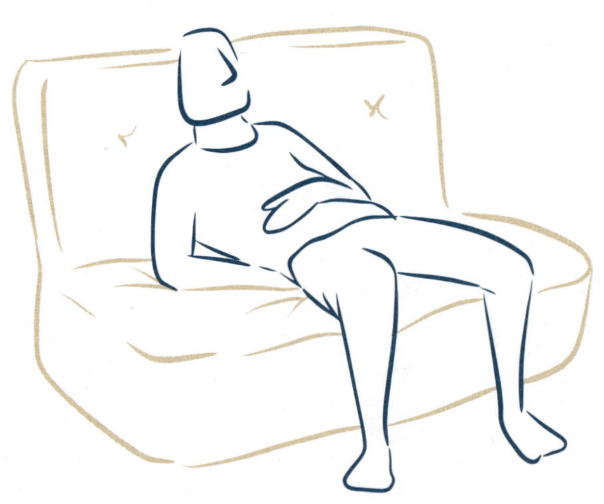

做什麼都感到被打擊，感到好無力，好沮喪。

其實令你最灰的，不是現況，而是無能的自己。

這幾年，我們感到最大的內在打擊是：無力感。

無力感不光是沒有力量，而是曾經出過力，可惜每次都無功而返，被打擊，被打倒，漸漸便形成一種「無論我如何努力，都不會做到」的感受。

或者說，這份無力感好像是慢性毒藥一般蠶食人的內心力量，在心理學上叫「習得性無助」（Learned helplessness）。

「習得性無助」由美國心理學家 Martin Seligman 在研究動物時發現的。一次，他用狗作了一項經典實驗，起初把狗關在籠子裏，只要揚聲器一響，就給以難受的電擊，狗關在籠子裏逃避不了電擊。多次實驗後，在施以電擊前，先把籠門打開，揚聲器一響，此時狗不但不逃，更是不等電擊出現，就先倒地開始呻吟和顫抖。狗本來可以主動逃脫，但卻絕望地等待痛苦的來臨，這就是「習得性無助」。

這實驗說明了當人想作出改變，即使遭遇很微小的挫折，都會很容易氣餒，例如學習新的技能、做運動、減肥、閱讀等。

一旦，人面對強大的勢力，本想奮然站起去對抗，可是每次都被打倒，漸漸地便會想放棄。

「習得性無助」的心態如何建立？「習得性無助」有四部曲：

1. 認為無論如何努力和再嘗試，都不會令結果變得更好；

2. 深信所希望的結果不會發生，相反，不希望的結果卻會發生；

3. 感覺自己很不濟，是個沒用的人，沒希望；

4. 漸漸放棄做些什麼去改變現狀。

上面第三步很重要，「習得性無助」最終是打倒一個人的自我形象和觀感，因為再一次失敗更確定自己是個沒用的人。之後甚至會將這份抑鬱和無力蔓延至其他事情上。

他們很籠統或簡陋地去總結自己的失敗，而沒去細心看通「失敗的真相」：

- 客觀因素（今次測驗題目比平時艱深）；

- 一時失手或沒盡力（因生病、太緊張而失水準）；
- 其他人影響（遇上勁敵）；
- 對自己不設實際的要求（第一次嘗試便要成功）。

能看清「失敗的真相」，是：

- 一種面對現實的態度；
- 一種立體地看世情的眼光；
- 一種不放棄找真相的堅持；
- 一種不甘心的意志。

沒希望？只要你仍在，就已經有希望，隨之便能找到出路和進步的空間。

誰沒黑暗面

在無力中，在憤怒中，可能看見自己的黑暗面。你很害怕走向「暗黑」。

其實黑暗面可能是一條隧道帶你通向內在光明。

在痛苦的日子，很多人會浮現內心的黑暗面，甚至稱為「暗黑」。很多人會對黑暗面戴有色眼鏡，以為黑暗面是邪惡的。

其實每個人都有其黑暗面。

心理學家榮格（Carl Jung）提出人有「陰暗面」（Shadow）。他的人格理論中有幾個層面，其中有兩個可以說是互相對立的，就是人格「面具」（Persona）和「陰暗面」。

先講面具。成長中，人隨着時日會受別人和社會的期望影響和綑綁，迫使我們要扮演別人理想中的角色，這就是「面具」。很多時候，我們不能意識到自己正在受各種成長環境影響，而堆疊而成這些自我意識，還誤以為是自己「真正」的想法或價值觀。其實只不過是一副「面具」。

當內心深處對於這些「誤以為真」的想法或價值觀產生不一樣或對立的聲音，同時又被自我否認、排除、不接納時，就會變成內在的「陰暗面」，並且產生負面情緒。

當人一直被打壓，跟內在的價值觀對抗時，內在強大的反感漸漸形成一種「陰暗面」，想出很多破壞性的思考。這幾年，我們的確累積了很多負面情緒，以至「陰暗面」。

然而，陰暗並非一定「壞」事。陰暗是一個通向真我的管道。人可以從發現「陰暗面」而認清真正的自己。例如：

- 仇恨，反映你內在的脆弱和受傷；
- 憤怒，反映你的尊嚴被踐踏；
- 灰心，反映你內心的渴望；
- 貪婪，反映你的匱乏；
- 麻木，反映你的疲倦。

試問誰未經驗過以上的狀態呢？

很多人包裝得好，戴得穩面具，自欺欺人。我們一直否定陰暗面的存在，或者抹黑它，只會累積更多的負面情緒（如憤怒）或反社會價值觀（如自私、貪婪等）。物極必反。

其實，我們不用抗拒「陰暗面」，反而是看見她，了解她，實在是了解自己。

躁底沒問題

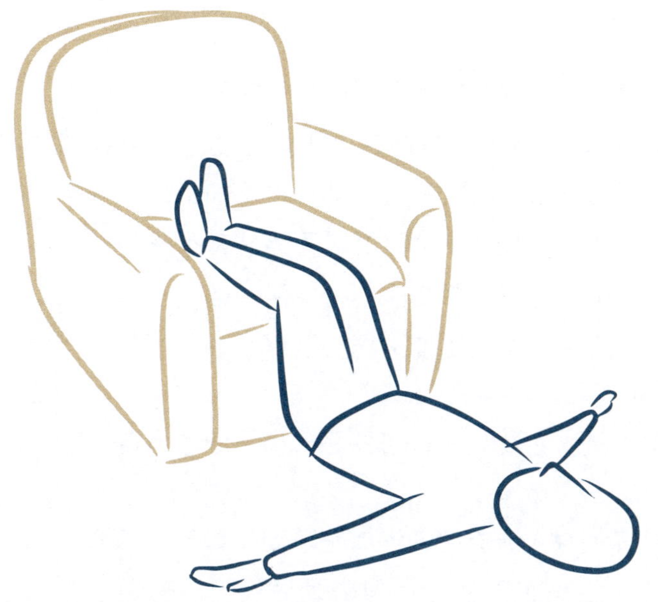

這段日子，你可能常常感到不公平、納悶和不滿。

社會原本就不是為你的存在而設，所以不公不義，努力得不到回報，一點也不稀奇，甚至是常態。

為何有時我們對曾經憤怒的事不再感到生氣和憤怒？

我們長時間受着壓迫，漸漸被折磨到一個地步，流失精力去憤怒，或者覺得生氣也沒用，最後連爭取也無力，只能怨天尤人。到這時候，人往往把生氣的對象轉換成自己，埋怨自己沒用不爭氣。

另一方面，人不敢生氣，因為怕一旦生氣就被人覺得自己「不好」，不再是個 nice guy。

你會黯然「接納」別人無理而且很婉轉的攻擊、批評或恐嚇：「現在的年輕一代都不懂吃苦，不肯吃虧，不似我們一代！」「你們這一代人很自我！」「你再不加努力，就會被人淘汰取代！」聽到這樣的批評，不憤怒都不是人。可是，憤怒又如何？立即反擊指罵對方？又失儀。立即辭工不幹？又太魯莽。所以，唯有憤怒心裏爆。

其實，憤怒不是光去發火，也可以是一種正面的力量。

心理學上，專家説人最原始的情緒是恐懼，如果説恐懼是一種驅動力，憤怒也同樣是一種驅動力。因為恐懼驅使人對危險作出反應，例如所謂的 fight（衝），flight（逃）及 freeze（麻木）三種主要反應。

- 衝，是不向危險低頭，奮勇對抗或者奮鬥；
- 逃，是逃避現實、放棄，一走了之；
- 麻木，是什麼都不想，處之佛系。

做人要懂得正確的憤怒。成長中，我們會被父母和老師嚇大，製造恐慌來訓練我們服從。相反，我們卻一直被大人管教「不准憤怒」。這種教法簡直是打斷我們一條腿。

每個人都要雙腿走路，恐懼是一條腿，憤怒是另一條腿。恐懼主要令人退，憤怒主要令人進。人一生就是要學會進退。

進者，為自己出頭和發聲；退者，知難而退，學習謙卑。或許，最差勁的是麻木。麻木的人是不肯思想的人，活像植物人。

當別人批評你時，你要反思別人究竟説得對不對，自己究竟是怎樣的人，不是逆來順受，也不是事事對抗，知所進退，是重新定位的過程。

容許出錯

心理學上的 Superego 是內在的監察器，常常監視我們有否出錯，

提醒我們不要行差踏錯。

太多的話，我們變得寸步難移。

知道錯是必然，將錯就錯，才有可行之路。

另一個令我們沮喪的感受，叫後悔。就是後悔沒做什麼，做錯什麼。

「墨菲定律」(Murphy's law)，說明凡事只要有可能出錯，那就一定會出錯（Anything that can go wrong will go wrong）。例如你衣袋裏有兩把鑰匙，一把是你房間的，一把是汽車的。如果你現在想拿出車匙，卻往往會拿錯了房間鑰匙。

簡單地說，意思是：不想錯，偏偏就錯。

墨菲（Edward Murphy）是美國愛德華茲空軍基地的上尉工程師。1949 年，他和他的上司在一次火箭減速超重試驗中，因測量儀錶被一個技術人員裝錯了，導致儀器失靈發生了事故。

由此，他得出的教訓是：如果做某項工作有多種方法，而其中有一種方法將導致事故，那麼一定有機會有人會按錯的方法去做。

英文稱為 the worst case scenario。

這個定律可以很「正面」，例如：

- 任何事都沒有表面看起來那麼簡單，不要掉以輕心；

- 所有的事要完成都會比你預計的時間長，要默默地細心去作。

同一時間，也教曉我們可以「翻轉角度」看事情。

- 會出錯的事總會出錯，懂得原諒自己，在錯誤中學習便可；

- 如果你擔心某種情況發生，那麼它就更有可能發生，因此不用太過焦慮，儘量作最壞打算便可。

曾聽過一位牧師説，有段時間他經歷了嚴重的耗盡（burnt out)。他之後立即停下手上工作，尋找究竟自己發生什麼事。他發現自己是個非常盡責的人，這份責任心令他不會拒絕別人要求，而且事事做到百分百。

再深一層，他了解到自己原來只是很怕「出錯」，怕令別人失望或看到自己的不足。怕出錯的陰影不知不覺間籠罩心底，以為負責任必定正確，結果忽略了自己的限制和做事初心，只會滿足別人。

沒有人喜歡出錯，但人生在世，出錯是必然的。錯，令我們成長。只要 prepare for the worst 就好了。

好想放棄

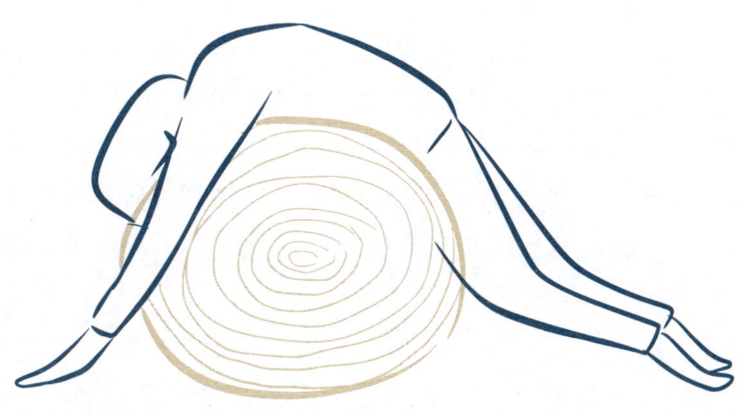

放棄，不是一個行動。

放棄，是一種心境，通向內心深處的安舒區，歇一歇。

我想問，説得出「永不放棄」的人究竟他一生中沒有想過放棄嗎？人生在世，不放棄，談何容易呢？

放棄本身不完全等同於自暴自棄，放棄可能只是代表「暫停」。人生總要有 pause 的時候。

永不放棄有時可能只是一種自欺欺人，或者一種自我麻醉，甚或一種盲目衝刺。

人即使有一個目標，也不可能橫衝直撞，用死力去作戰。人總要休息一會，調適再上路。

曾經遇過一個女生，大學畢業後做了幾年 headhunter，做得不錯，上司離職開公司，都撬她過檔。她又做了幾年，因為市場轉壞，感覺怎做都沒意義。雖然公司沒特別施壓，自己也過意不去，好想放棄，重新想想自己要什麼。

她想趁 30 歲前去 working holiday。即使別人覺得她蠢，勸她不要放棄這人生黃金時間，但她覺得人生就是必需一個 break。

人也有時要停一停，看清前面路標，究竟有沒有走錯路，或者要改賽道。這時候，人便要立即停，放低最初的目標，中場檢討。

放棄，就代表一蹶不振？有振沒振，不是一時三刻可以作定論的。振作不振作是有關內心的力量，這力量有時是對自己的認識，認清方向；有時是對自己不甘心，要為自己出氣出頭；有時是一種看化，知道何時該停，何時該收手。

生有時，死有時。放棄也有時。重新開始也有時。你問我何時？我答不到你，只可以說，放過自己，不要以「永不放棄」再一次去打擊自己。

比較沒問題

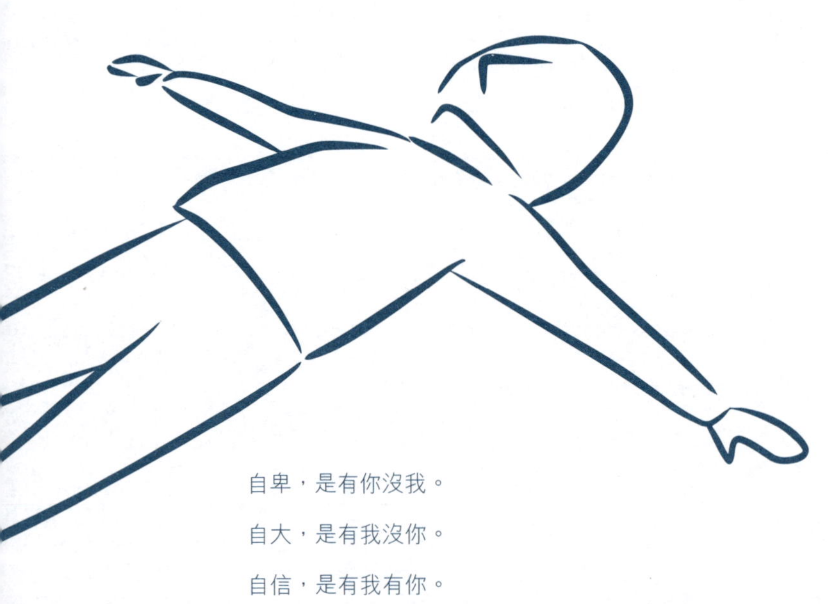

自卑，是有你沒我。

自大，是有我沒你。

自信，是有我有你。

常言道，不要比較，人比人比死人。試問歷世歷代，有誰不比較？又為何那麼多比賽？比賽不就是比較嗎？

不比較這回事是騙人的。不比較，我們怎知道自己的能力如何？沒參考（reference）。比較是一種參考。

嬰兒眼中的第一個參考是自己的母親。嬰兒會想，面前的龐然大物是誰？原來是自己的母親。為何母親會有奶供應給我？她會行會走，我卻像一團飯，什麼都做不了？因此，嬰孩開始想模仿，為的是適者生存。之後嬰孩開始注意有父親這個人物出現，他又有他的「特異功能」。小孩子在成長中一直學習和參考別人的一舉一動。

心理學家阿德勒（Alfred Adler）的主要理論由人的「自卑感」開始，自卑是由比較而生的產物。自卑出自比較，因為看見自己的不足，就想去完善和提升自己，是自我成長的原動力。

不錯，過分的自卑會導致失落和抑鬱。但是，很多人都有反彈的能力，谷底翻身。

沒法看見自己不足的人，往往是那些傲慢自大，不可一世，極度自我的人，以為世界只會圍繞自己走，自己是世界的中心。眼中只有自己，沒有他人。

比較，是眼中不只自己。比較的核心焦點有兩項：一是跟誰去比，找對的人去比，視為參考，有何不可？二是比較之後，你會如何看待自己。你會善待自己，還是虐待自己。

不想講效率

Fast is slow.

Slow is fast.

經常令香港人引以為傲的是我們的效率，甚至自詡很多事情都做得快靚正。快排在最先。其實，要快同時又要靚和又要正，殊不容易。即使可以同時快靚正，也可能犧牲一些重要的東西。

第一樣是跟時間去糾纏。

所謂慢工出細貨，不是拖慢的慢，而是花時間去琢磨手上的工作，特別是棘手的。為了儘快完成一份工作，人想盡辦法達成，可惜漸漸失去一份耐性，這份耐性讓你停多一停，想多一想，不用太快下結論。

因為時間的壓力，人容易得過且過，做事傾向表面，甚至想瞞天過海。問題是失去了反復思考的機會，就不能多次測試，發現其他可能，自我批判，推翻之前的結論；甚至沒有機會發現哪裏有可能出錯。我認為高效率是工業型社會的優勢，可是當一個社會進入創新、資訊和專門技術型，所需要的競爭力，就不得不擁有比別人更多勇氣敢於跟時間、跟自己糾纏的耐性，否則會一直停留在工業型社會的思維。

第二是為生活守護空間。

沒空間沒生活，生活建基於空間之內。當我在英國生活時，每次走進超級市場購物，即使望見一條長長的排隊人龍，收銀員仍然會跟每位前來的顧客打招呼：你好嗎？甚至問候幾句或攀談。當他收妥錢，你把貨品統統放進購物袋，他會等待你放好收好，才開始服務下一位顧客。

在香港，一般人會覺得這樣太慢條斯理，但我的個人感受這是一種溫暖的關係，用不着急忙去收拾貨品。你是一個人，不是輸送帶。那份閒適，在香港愈來愈難感受到。我又記得佐敦一間有名的茶餐廳，夥計效率奇高，你未坐定已經走過來催促你下單，你剛放下食具就來收拾你的碗筷，最後令你混身不自在，慢一點好像做錯什麼似的。

這算是生活嗎？生活由購物到飲食到工作都是如此只講所謂效率，難怪香港人的壓力愈來愈大，最後影響工作和生活的質素。

不是不講效率，而是效率以外，人還剩下什麼？進入新時代，我們需要另外的優勢，另外的思維。

有問題才沒問題

如果我們整天想着有問題，問題便天天都多。解決一個問題，新問題又出現。

輕放問題、接受有問題，反而是一種「解決」。

一天之中有多少個問題等待你解決？如果你問什麼叫生活，可能生活很大部分時間都在解決問題。如果每天主要是解決千萬個問題，做人實在太累。

問題本身是問題，但解決問題也會產生新問題。

累，主要不是生活的艱難，而是在忙碌的生活中，不知不覺間進入了一個「解決問題強迫症」的地步。患上這「強迫症」的人會像打機見怪獸一樣，每見一個問題，就立即要行動，要解決，內心充滿焦急和埋怨，為何諸多問題發生在自己身上，又發生在最忙碌的時候。一心想做少一點，內心的焦慮卻叫自己沒法停下來，反而愈做愈有衝勁，愈做愈想解決問題。漸漸你會發現，耐性降低了，說話急速了，走路走快了，肌肉緊繃了。

如果情況不斷加劇，會掉進另一個層次，就是「問題妄想症」，不斷想像出新問題，又怕這些問題無論你怎努力都不能解決，開始憂心忡忡，擔心別人的眼光和批評。

可以換個方式生活嗎？那麼，我們需要一個「沒有問題的空間」或「不用解決問題的空間」。

一個「問題」可以是另一個問題的「解決」。一次我裝修家居，裝修期間天降紅雨，外牆竟有雨水滲入，我即時焦慮起來，內心充滿怨憤，腦海中自然閃出多個解決方案。但我迫自己先冷靜，開始細心想，當時裝修師傅還未油漆牆壁，否則漆好的牆壁就遭殃了。而且，滲水地方正給我提示牆壁問題所在。一個問題出現，卻解決了另一個問題。

面對問題時，要「停」。停不是放棄，是等待。留着問題不處理，等待事情的變化，等待有否他人更適合去處理，等待自己在更佳狀態和時機去處理。做人有時要「難得糊塗」，反而會看得更全面，找出更好的方法。

不要感覺消極。何苦忙着去解決問題。

不一定要有理想

面對今天的境況，我們難以講理想。

沒理想又如何？

或許，沒理想是一種現實主義和樂觀主義。

有時我覺得「我的志願」這種題目會誤導人。試問一個入世未深的小學生如何想像幾十年後的自己，如何對一個社會有足夠的認識呢？在一個小學生的認知裏，可能只是道聽途說一些高言大志，或者認識幾個從「煮飯仔」中學習到的職業，如醫生、老師、機師等大路行業。

太早有遠大理想，只不過讓你早點發白日夢，發長一點的夢。可是一個既有的「白日夢框框」可能會限制了你的想像、發揮和探索空間，太早把自己定型，又太早打沉自己。

社會多變，你也會變。昨日你對自己和世界的認知，可能半年後已不合用。一個沒有參考價值的理想框框，對你的前途可發揮到什麼作用？

對一般人來説，很多所謂理想職業都離不開那些高尚又賺錢的行業，譬如醫生或律師。試問，世上有幾人可以當上醫生、律師呢？又難道，其他職業比較低賤，不屑一顧？人會很容易將幾個行業定型為「理想」，甚至「完美」的行業。所謂行行出狀元，成功與否，不是單靠賺多少錢或社會地位而定。

倫敦政治經濟學院學者 Grace Lordan 在她的書中 *Think Big: Take*

Small Steps and Build the Future You Want 提醒我們要為將來想像「更大」的事，不是什麼計劃，而是你是「怎樣的一個人」，給人生寫下一個 narrative。

這是我的經驗。我自小夢想成為一位老師。高中大學選科時，本想選社工系，但是家人反對，因而選了以為可以賺錢的經濟系。畢業後不甘心，沒有找銀行工作，反而跑去應徵廣告界。做了幾年，又轉去做市場推廣。及後，辭了工跑去讀書，讀心理輔導。畢業後成為一個心理輔導員（類近社工部分工作），同時會去教心理教育（教書）。看，兜兜轉轉，沒有完美的計劃下，人生竟自然會走回原點。這原是我本來「想做的一個人」。

選擇要現實一點，所謂現實，就是認識和確認你是誰。認識和確認自己，只靠一天一天走下去，一天一天累積你對自己和人生的經驗。

所謂理想人生就是行步見步，行步 plan 步的心態。

明天不一定更好

明天是一個彷彿存在，又不存在的概念。

明天彷彿確定，又不確定。

明天在乎你的人生態度。

這幾年，我們可能對將來感到無希望，沒明天可言。

世上有兩種思維：一種是看每天都是人生最後一天，意思是沒有明天，只要好好去活好今天；另一種是看到總有明天，而且明天會更好。兩種思維皆屬於勵志説話，但是意思就截然不同。

第一種「沒有明天」的思想並不消極，反而鼓勵人不要太憂慮明天，要學習珍惜今天所有，活在當下，過好今天的生活，從中學懂生命的優次。今天，我們的生命充滿了很多要做的事，想做的事，或者別人想我們做的事。我們根本不夠時間，不夠空間。這思維幫助我們想到，即使沒法完成很多事，都不用內疚和不安。

第二種「總有明天」的思想不是假樂觀，而是鼓勵人突破今天的困擾障礙，不要只聚焦面前的困難，忽略了將來的機會，凡事總有轉機，為絕望中的人帶來一份希望感。

第一種思想適合憂慮傾向的人。

第二種思想比較適合抑鬱傾向的人。當你向人訴苦，別人不想聽下去，就很魯莽地敷衍你，説些諸如：「不要想太多」、「明天會更好」、「你要學習感恩」……等説話。

對於這種「明天會更好」的論調，我不反對，但過分正面是否正在否定你的感受？甚至否定現實中的壞事鳥事？現實真的不會全然美好，歌舞昇平，誰人能肯定明天一定會更好呢？我跟你打賭，你可否 100% 保證明天會更好？

誰知道明天？不知明天會否更好這心態未必一定是壞事。明天的結果，天知曉？人對明天心懷未知的焦慮是正常的。

人無遠慮，必有近憂。不假設明天會好，可能給你機會去未雨綢繆，作最壞打算，做好心理準備。

原來，時間是一種空間。我們對時間、對明天的思考都是一種思想的空間。沒有過去，就沒有今天；沒有今天，就沒有明天。時間在我們的腦海中是川流不定的概念，讓人遊走於過去、今天和未來。可是，今天我們的生活委實太忙，忙得連回顧昨天、看清今天和想像明天的空間都缺乏。一天過一天，彷彿沒工夫想到明天。

對明天不懷理想，只着眼今天。今天集中精力做好今天的事，不理明天好不好，都可能是「難得糊塗」和「活在當下」的恰當心態。放低「明天會更好」的思維，不是悲觀，而是一種現實主義。

有限制才有機會

自限是一份謙卑。

心悅誠服地接受自己的無能和限制。

Infirmorum 是病的拉丁文，意思代表「弱」，病讓人看見自己的「弱」。

弱的部分可能代表是你忽略了身體的需要，不留意先天機能比較差的地方，也可能是你平日沒好好愛惜身體所致。

因為你沒認識清楚自己，好好照顧自己，健康地去生活。

這次新冠肺炎疫情，也可能代表人類沒有顧及地球的「弱」，繼續貪婪和詐取。

病自然會令效率下降，甚至什麼都做不了，迫使人去休息。只有休息，身體和地球才會修復。病要你認清一點，人絕不能掌控一切。

有時沒有人可以勸服你去休息，或以為公司不會讓你放假，又或自以為是萬能時，病對你說：「你就是如此無能！」

2013 年，我赫然發現患上甲亢（甲狀腺機能亢進症），簡直晴天霹靂，我知道甲亢與壓力有好大關係，不斷反問自己為何過去沒好好照顧自己，工作衝衝衝。很多朋友開始向我獻計，建議看什麼醫生，服什麼藥，吃什麼食療。但我心裏想，我真正的「弱」不是身體，乃是心情容易緊張，忙起來就極忙。心態沒變，吃多少藥都沒有效。於是我決心要洗心革面，徹底改變，認識自己的限制。

懂得「無能」方為「大能」。

這無能實則是一種「自限」。限是 limit，自限是 set limit。自限讓你休養生息，安靜地、專心地注視外在和內在的狀態。身和心離不開。病是身體向你心靈的呼喚或投訴。

自限是：

- 認識和接受自己不是十項全能；
- 不完美，沒問題；
- 有些事可以暫時不理；
- 有些事可以放下不理；
- Nothing is urgent. Nothing is important.
- 沒有事務比你的心靈更重要；
- 你的心在那裏，你的生命在那裏。

Transition
帶
來
transformation

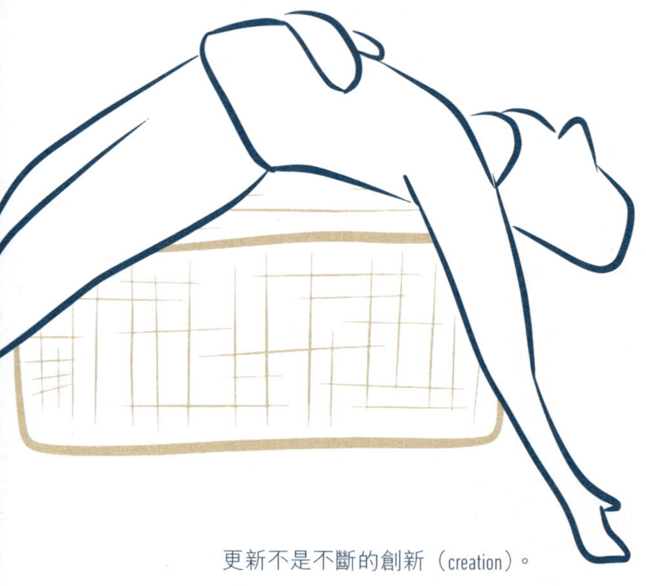

更新不是不斷的創新（creation）。

更新是回顧過去，檢討過去，擁抱過去，帶着一份安全感，把過去放開，面向未知的未來。所以，更新是繼往再開來（re-creation）。

在疫情時期，我們失去了以前的常態，失去本來的穩定，失去很多固有的一切。同時，我們面對將來的不明朗，會發問：究竟疫情幾時可完結？幾時可以見家人？經濟幾時可復甦？

這個不明朗的階段，是一個 liminal 的概念，有人翻譯做「邊際」。Liminal 這個字來自拉丁文 limen，即一個門檻前，尚未進入另一境界。英文可以說成是 in-between。邊際空間（liminal space）是在兩個地方或階段之間的一個中間狀態。

打一個比喻，邊際空間好像馬戲團裏的空中飛人表演，空中飛人在空中從一隻把手脫開，飛向另一個把手又未接上那浮在半空的一刻。這一刻的感覺是，失去之前的把握，而又未抓上新的把握，內心有種茫茫然而若有所失。

生活上其實有很多邊際空間，例如由 A 點通往 B 點的隧道，或者升降機內，甚或坐飛機或塞車等，這種種都介乎中間了。除了實物，生命的階段也可構成邊際空間，例如前路的不明朗、單身的孤單、等待消息時的患得患失。

Liminal 可能引起人很多焦慮，很多自我懷疑。沒有人喜歡這感覺，因為大部分人都喜歡實在、清晰和穩固的感覺。在這個狀況下，人可能對自己的能力和價值產生很多質疑，迫自己面對失敗。

其實，liminal 就是人成長的過渡期（transitional period）。人類學家用 liminality 去形容非洲部落的青少年時期，年紀不大不小的階段。其實 liminal 表面上好像一個「停頓」，實際上是一個很特別的空間，可以孕育和激發內在的改變和更新（transformation）。

內在的更新是：

- 迫不得已面對一個赤裸裸的自己；
- 靠什麼恩典存活到今天；
- 確認有什麼能與不能；
- 怎樣面對失敗；
- 怎樣發現喜悅；
- 有什麼可成長和超越；
- 有什麼要保留。

在這個疫情時期，正是訓練我們意志和忍耐的機會，在等待的時候停下來，反思自己身處的環境，檢視自己的初衷，繼而調整自己和期望，靜悄悄地發動一場內在的更新。

無失無得

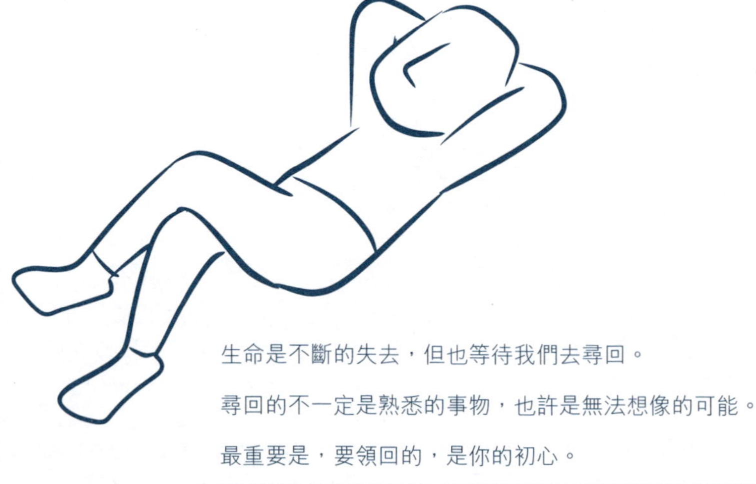

生命是不斷的失去，但也等待我們去尋回。

尋回的不一定是熟悉的事物，也許是無法想像的可能。

最重要是，要領回的，是你的初心。

肺炎疫情肆虐下，我們過着「非常時期」的日子，生活失了常態，真希望找回一點「日常感」，就是一份習慣、熟悉和可控制的感覺，否則我們會失去方向、目標和存在感。在疫情下，我們看見很多「失去」，例如失去了生命；日常生活改變；難跟親人朋友見面而關係變得疏離；失去工作和收入；無法做一些想做的活動，甚至影響舉辦重要節慶或大型賽事等。

以下是我在疫情中遇見過的「失去」例子。

「我每天只想抱頭大睡，不願做任何事。」一位碩士生在電話中對我說。他呆望堆積如山的功課，提不起半點勁。他發現生活失去了一個框架，如同失去了焦點和方向。眼見死線一日一日接近，內心的焦慮就愈來愈大，動力反而愈來愈少。動力哪裏來？ 往日他有同學同行，但今日與人的隔絕，令他完全失去支持和動力。

「我彷彿失去了整個學年，無法討回。」一位中學生沮喪地說。大部分同學都無心向學，逃避網上課程和功課。他卻心想失去了一整年學習，儼如耗了一年的青春。他最害怕別人問「你做過什麼？」因他完全想不到一件有意義的事，活着變得沒意義，失去一份存在感。

「孩子為了打機廢寢忘餐，怎辦？」我在網上接觸的家長感到極之不憤。當家長上班，孩子也不顧一切地打機。有些家庭更變成困獸鬥。原有的家庭矛盾一觸即發，誤解沒解，分歧仍在。這時候很多家庭失去了生活和心靈的空間，大家渴望走出去透透氣，過過冷河，方能回氣面對家庭張力。

我們可能並非遇上重大失去，但也逃不過大大小小的失去。

研究哀傷的心理學家 David Kessler 提出一種失去叫「預期的痛失」（Anticipatory grief）。Anticipatory 的意思是對前面的預期和預料。人感到肺炎病毒無法揣測和控制，對性命和生活失去「控制權」，彷彿感染一種集體性「心理病毒」。這病毒使人焦慮，甚至變種成為爭競、歧視、失控和瘋狂。

面對失去，我們可以如何？

反思「失去」的同時，要重新檢視生命中孰重孰輕，就是重新排列生命中的優次。我們總覺得最理想是，什麼都不要失去，但這並非現實。經過這個重新排列生命中的優次，我們可以重新認識自己、關係和目標，最終找回初心。

重新學懂優次：

- 什麼對自己真正重要？
- 成績、成就、金錢、財富、衣物？
- 關係、成就感、尊嚴、跟神的關係？
- 有什麼可以輕易被奪去？又有什麼卻不可以？
- 我們要保留什麼，珍惜什麼？

塞翁失馬，焉知非福。當我們以為「失去」之時，卻可能是一次新的機會去得着更豐盛、更重要的東西。

不是因看見才有希望

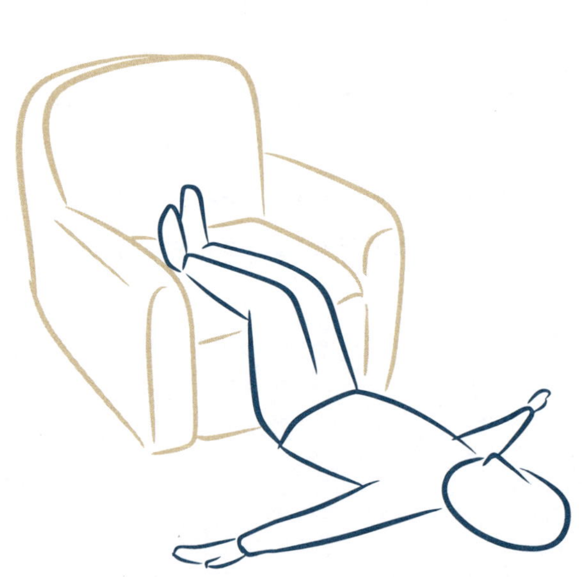

世上有信、望和愛。三者是三位一體的。

有信，就有望；

有愛，也有望；

有了望，又可繼續去信、去愛。

這個疫情可以說是一個世紀危難。除了疫情，世界各地同時也經歷大小不同的政治、社會和經濟的危機。在重重危機下，我們容易失去了希望感，覺得彷彿沒將來，沒希望。我甚至聽過不少信徒都對信仰，對上帝失去信心。

基督教信仰不是帶給我們希望嗎？否則，主耶穌基督為何道成肉身到世間？

試以全新角度去看希望。

第一，我一直對希望（hope）有錯誤的觀念。我們覺得希望應該是實在的，不實在就不是希望。大家可能忘了一節重要的《聖經》經文。〈希伯來書〉11 章 1 節：「信就是所望之事的實底，是未見之事的確據。」這裏提到信心。這信心是對未見之事的信心，而不是對已確定的事存信心。

所以，人會將 hope 跟 plan 混淆。Plan 是有計劃，有計算的。Hope 是人不能計算的，而是仰望上帝。

第二，我們的盼望要指向什麼？〈歌羅西書〉1 章 3 至 5 節：「我們感謝神我們主耶穌基督的父，常常為你們禱告，因聽見你們在基督耶穌裏的信心，並向眾信徒的愛心，是為那給你們存在天上的盼望，這盼望是你們從前在福音真理的道上所聽見的。」

我們知道世事不是可以控制的。因此，我們更要轉向天上的盼望，就是神掌權的地方，而不是看自己擁有多少，不是看什麼結果，不是現實，是屬天的。

第三，心態。我們傾向心急。心急是一種文化。另一種心態是我們不想改變，怕改變。我們想維持。可是，面對未知的將來不是要抓住以往的一切，而是仰望神會如何改變世界，改變人，為的是成就祂的心意。將世界和人更新。

第四，面對未知，在過程中人要面對掙扎、痛苦和擔心，要找出當中的意義（meaning），就是對你的意義，這一切為了如何鍛煉你，想你看到什麼，如你自己的缺欠，或看見別人的需要。

希望感，不是一刻的自 high 快感，也不是傻勁地樂觀或正向心理學。

希望感是：

- 在苦難中咬緊牙根去信去試去面對；
- 不是看結果，是看初心；

- 不是有沒有盼望，而是有多少要操練的。

面對未知的日子，就是操練我們盼望感的時候，要更多的操練。

離別，不用無奈

一個結束，是另一個開始

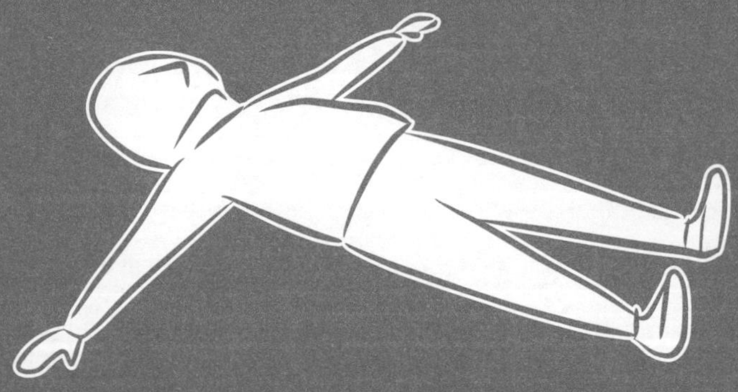

3

關係：換一種視野

懂得真誠，與人交心。

消化關係中的距離感

關係上最大的障礙不只是距離，更是距離感。在移民潮下，大家都痛失很多親朋好友，同時可能有種「被遺棄」的感覺。我們沒有權阻止，也沒有權發言，畢竟這是一種沉默的哀愁。心中只有含着淚說 goodbye，含着淚說祝福。唯有學習一種前所未有的告別，想像一種嶄新的連繫體驗，不要只剩無奈。

沉默的哀愁

踏入 2020 年代，兩年間，我們共同經歷劃時代的改變。當疫情稍為緩和，我們經常掛在口邊的是:「你會走嗎？」最常參加的聚會是「歡送飯」，因為身邊不少親人好友紛紛移民他方。本港樂隊也推出相關歌曲，共鳴我們這份心情，如 RubberBand 的《Ciao》:

「聽朝散聚誰先飛　未及歎氣 / 這晚的　懇請放入行李 / 可過渡這別離 / 待那　聚首終到期」。

又或 C AllStar 的《留下來的人》:

「許多人都相信離開的人生走到該走的那時 / 痛着來話別 / 可知留低的與重生的　卻在這邊 / 怎撐過餘生的浩劫」。

分離不易，但必然。我更可以説，人一生必須面對大小的分離，讓我們學習調控內心情緒，能夠面對自己和他人。

從心理學角度説，人在分離時最主要的心理狀態有兩種，其一是思想變得較為兩極化，非黑即白或極好極差。因為人在分離的危機中，需要以這種極端思想去提升警戒和防禦力。

其二是當失去親密關係時，人會對自身的價值和形象感到失落和懷疑，須要重新評估和調節。

例如，當家人或好友突然跟你説：「我下個月就離開香港！」

你不但感到突然，當中可能產生一點疑問：「你還重視我嗎？」「留下，我可以如何？」「我留下來的決定正確嗎？」繼而冒起更多不同的情緒，如不捨、失落、無奈、被遺下（他們走了，自己卻留在香港，好像沒有被珍惜，也可能要為他們「執手尾」）等……即使對離開的人抱持一份尊重和明白，但也有點點不解、不滿；對自己卻感到一份走不到的羞恥羞愧，感覺自己沒能力走，沒選擇，也許會被人取笑：為何仍要留下來；也有一份留下的迷茫。心頭滿是矛盾與混亂。

在亂世，有時人會選擇沉默。面對現今這種突然而來的離別，一方面怕自己亂了情緒失了言，壞了關係壞了事，另一方面又害怕令離開的人尷尬和為難，最終只好選擇沉默，默默地接受事實。

這是一份的「沉默的哀愁」*。

無疑，我們有很多感受，也不是三言兩語可以形容。這階段是前所未有的，因此，要留心自己的感覺，讓自己可以哀愁一下，處理埋藏的感覺⋯⋯

*註：「沉默的哀愁」引用陳韋安博士於《時代論壇》（2021 年 4 月 30 日）〈也談牧者移民〉一文。

道別，是需要的

德國漢堡大學曾經進行一個有關「道別」的實驗。實驗邀請了一班互不相識的人，二人一組分別在網上溝通平台 Skype 中對話一段時間。有一批人在對話完結前幾分鐘，收到實驗員的提示對話將會結束，至於另一批人，在對話完結前完全沒有收到提示。之後，所有參加者都要做一些執行性工作。結果顯示，曾被提醒的參加者在進行執行性工作時，表現比沒被提醒的人優勝。

這實驗想説明一個道理：道別是需要的，因為人在道別之後，似乎更有能力去面對將來的工作。

要如何道別呢？

採取主動

有些要離開的人因為種種原因，可能會選擇低調，或者根本沒空間去想向誰道別。因此，留下的人可以選擇主動。主動不是為干擾他人，而是不讓別人和自己都有遺憾，將遺憾減少。

體諒對方

留下來的人會有複雜的情緒，對離開的人有不同的感覺和評價。無論如何，事實已擺在面前。接納和體諒是最好的道別禮物。我們嘗試明白對方不但有家庭的需要，更有很多矛盾和難處。很多人都可能帶着「有頭髮邊個想做癩痢」的心情。倘若對方未能早一點通知你，也不用想太多，別人會有其限制。

不用比較

走有走的原因，留也有留的道理。沒有誰比誰好。你覺得留下是受難，別人也會感到走是逃難。大家都面對新的挑戰。不要感到自己是「逃不掉」、「沒選擇」或「沒條件」。常常反復問自己：「為何我要留下？留下來做什麼？留下來有何意義？」不錯，留下的挑戰的確不少，因此內心的掙扎和懷疑只會愈多愈密，這種自省是對自己信心的堅固。

嶄新連繫

分別不是永別。科技日新月異，在疫情中我們更學懂了運用不同的溝通平台，地球村只會變得更近更細。我跟一些已離港的家庭定時利用網上溝通平台連繫。關係，可以有很多可能性。

積極道別，讓人讓自己都有能力面對下一關，下一個階段。

伴侶的暫別

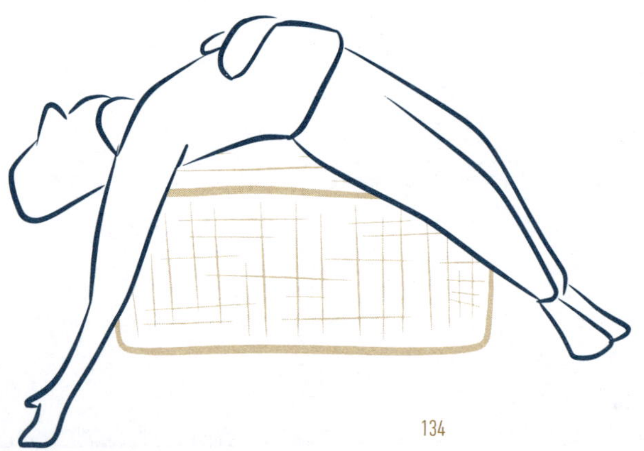

我有位男性朋友最近很苦惱。他説妻兒已經在上個月移民外國，自己留在香港再賺多一點錢，希望幾年後過去，即使將來在他方沒工作也可多撐幾年。他更説：「當年 X 月 X 日正是我們的結婚紀念日，而今年的 X 月 X 日卻是她們上機的日子。」我聽了，都為他感到心酸。

現時確有不少家庭會選擇夫妻其中一位（通常是妻子）先到埗外國，另一位留港一段時間。留下的一位要留意：

適應新生活

不要小看一個人的日子，即使你很獨立，懂得照顧自己，可是仍要足夠空間去適應新生活模式，面對一種彷彿「人去樓空」的假像。不要太主觀地覺得很孤單，其實你的家人在遠方也想念你 。

問為什麼

常常提醒自己為何有這安排，因為當人遇上困難和失落時，容易會迷失，好像忘了初衷，不知自己為何落得這下場。夫妻雙方清楚確認為什麼要有這種安排，無論什麼情況，千萬不要後悔或互相怪責。

各有犧牲

人在困難的日子總會覺得自己是最慘的，自然以為他人很幸福，這樣婚姻關係易出問題。夫妻要肯定雙方都各有犧牲和困難。假如日後有困難，雖然遠水不能救近火，但心理上都是「共同的困難」，用「共同的態度」去面對。

保留彈性

保留彈性作出變動，不論定了多久後才重聚，都可以改變的。當然，改變決定會有很多考慮，但記得要以「家庭關係」為首要考慮。

爭取 quality time

就如上文所提，與離港的家人定時利用網上溝通平台連繫。關係，可以有很多可能性，並珍惜 quality time。

如果有需要，在不同地域也要尋找家人或羣體支持，甚或專業輔導。

孩童的道別

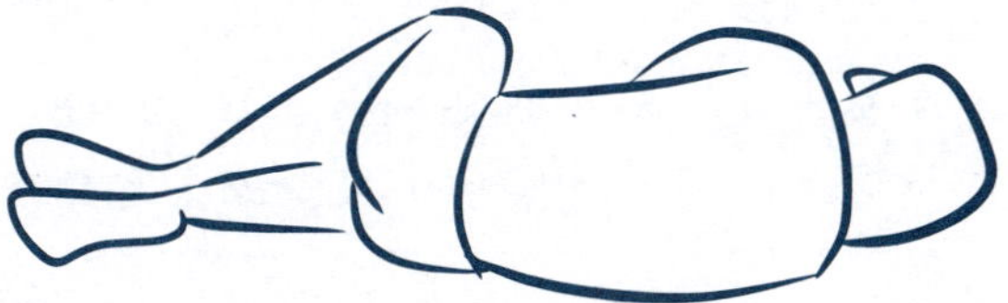

Matthew 在小學的好朋友要移民了。他感到有點失落。家長、成年人可以如何處理？

關係是自我形象的一部分，反映自己的價值。當好友離開，小朋友會有很多迷思：是朋友不喜歡我？是我不夠好？是我沒能力走？當中實在都是關乎安全感。

問為什麼

孩童總愛問為什麼？會問父母「為什麼 XX 要走？我們可以去嗎？」家長當然難以三言兩語去解釋背後種種原因，更不能說他們去過「更好的」生活，因此簡單地可以說 XX 要跟家人在一起，XX 一家喜歡在另一個地方生活，而我們卻喜歡留在香港，正如有人喜歡吃中餐，有人喜歡吃西餐。總之，每個小朋友都要跟着爸媽在一起。

離別是過程

過程的意思是「時間」和「空間」。小孩子的情感像消化系統，要慢慢地消化。他們今天抗拒的，可能假以時日會漸漸接受，家長不用太快擔心或催促。另外，過程中家長要協助孩子表達難以言喻的情緒，詢問他們不捨的地方、跟好友的關係、懷念的人和事，同時讓孩子參與

「說再見」或「送禮物」的過程和計劃。當中，孩子可能會感到沒安全感，怕沒朋友，變得孤單。要向孩子解釋離別不等於永遠失去這位朋友，及學習認識新朋友。

認識那個地方

借助書本或網上影片給孩子介紹朋友或家人要去的地方，讓孩子有足夠的影像去想像對方的生活。當別人到埗，可以用網上平台交流，以視像了解對方的生活環境，增加安全感。

過渡性物件

有個心理學概念叫 transitional object，好像幼兒跟父母暫時分離時，利用毛公仔去安慰自己。這概念可運用在這次分離中，讓孩子跟好友做些紀念性的事，交換紀念物品，留下相片和影像，降低「失去」的感覺。

離別是人一生要學習的功課，在孩子階段經歷離別時建立起安全感，就是成長的「必修課」。

新友誼

在移民潮下，好友要走了，要如何重新看待友誼？

其實這問題不應在現今才會問，應該是日常的必答題。

人愈大，認識的人愈多。幼稚園同學、小學同學、中學同學，大學同學、職場上不同公司的同事、參加活動認識的、打機認識的一堆豬朋狗友。或許，你的手機滿滿的聯絡人號碼，社交媒體上有很多「朋友」。問題是，誰算是你的朋友？

更核心的問題並非如何定義你的朋友，是如何維繫。

往日，「出來見面」、「出來食飯」變成隨口說了算，已經失去了真實感，開始沒人會放在心。相反，平日放太多時間在面前的工作和生活，沒空間去找舊日的好友，心中有時想起，滿是遺憾。有時決心立志，一定要找找誰。最後，又因為自己忙，也因為怕別人忙，沒找了。疫情下，想見面又受防疫規定限制，幾個朋友一起要隔着膠板吃飯見面。甚至因防疫規定而限制見面人數。遺憾又加劇。消滅遺憾的方法，恐怕唯有讓自己繼續忙下去。

友誼需要經營，經營需要空間！可是，空間並非只說時間，不是定時定候，找個時間出來見見面，大家交換近況就算。很多時候，一班舊同學聚舊，十個八個。每人分享自己近況，就已經花了一個晚上，彷彿沒做過什麼。

如何經營？

主動

怕主動，因為怕被人拒絕（對方會否正在忙？人家不喜歡自己打擾？移了民沒當我朋友？），怕被人感覺 cheap（沒人陪），怕別人根本並非如此重視自己。試想，如果每個人都等待別人去找，最後就沒有人會主動。勇氣和厚着面皮，是主動的要素。

「閉起雙眼你最掛念誰 / 眼睛張開身邊竟是誰」

忽然之間，你想起某人，又或想起彼此之間一些舊事趣事，自己傻笑起來，又或掛念某人，想起他向你提過工作、家裏出了點問題，自忖：「他最近如何呢？」又或心中有一股暖流飄過，想起有人曾經陪你走過對你很艱難的日子，在困難中扶過你一把。他們，算是你的「朋友」。

當你想起一個人，會立即讓想念溜走，還是存在心裏，甚或即時傳個訊息去問候對方？

有時，我們選擇要不要向別人敞開和分享自己，很在乎別人是否明白自己。我們對身邊人有期望。期望沒問題，不過對別人期望太高，一旦別人未聽懂你，或者太快回應意見，你就失望起來，以後不再分享。其實很多人都想明白你。但人有限制。有些人即或暫時未能明白你，可是有心想去明白（willing to understand）都很重要，要珍惜，不要太快放棄。

一個人能在你心中佔有「空間」才算是朋友，不管你們有多頻密相見，或一起做什麼。那麼，你要問自己，心靈中有沒有空間留給你的朋友？老是忖着今天要趕的事，老是憂心明天的困擾，老是追悔昨天犯過的錯，心中只有我我我，你怎會有空間留給他人？

面對寂寞

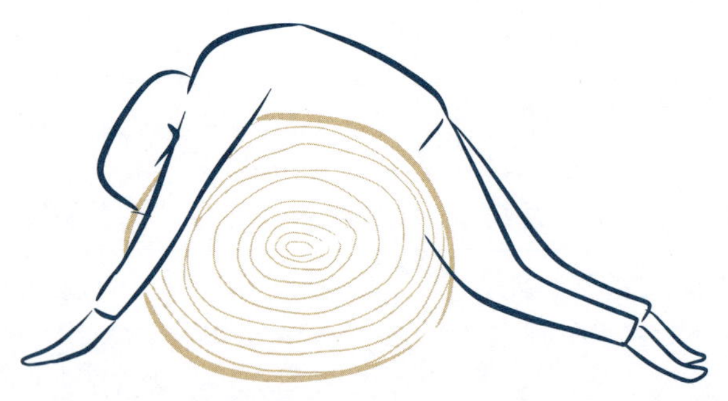

當朋友離開，有時會感到孤獨。

試想，當獨個兒的時候，會感覺悶。因為悶，所以想有人陪。

但是，孤獨與寂寞不同。孤獨（alone）不等於寂寞（lonely），也並不在乎有沒有人陪在身邊。實在不少人對我說，即使有伴在旁，仍會感覺寂寞。

孤獨是什麼？寂寞又是什麼？

孤獨	寂寞
• 可以是獨個兒，也可以是有人陪伴	• 心靈上的孤單，缺少心靈上的共鳴
• 一刻狀態	• 一種久久不散的心情
• 一時一刻	• 隨時隨地
• 沒有人陪	• 感覺沒人懂
• 別人不理會你	• 已灰心到一個點，不想理會別人
• 想說，但身邊沒有人可聽	• 已經變得冷漠和沉默，再不想真心表達自己
• 渴求他人陪在你身邊	• 只想獨個兒，不需要他人
• 表層	• 深處

以上可見，寂寞可能隨時出現。通常在什麼時候？這裏有六種寂寞感：

陌生環境

我曾獨個兒跑去英國進修一年。這一年我生活在一個沒朋友沒親人的陌生地方。異文化和異語言令我覺得自己很格格不入，沒有半點歸屬感。

與眾不同

在職場上，可能感到自己的價值觀跟其他人不同，有種道不同不相為謀，或者話不投機半句多的感覺。

眾人皆忙

當你遇上問題，好想找個人傾訴，拿起手機，感覺每個朋友都各有各忙，煩着自己的事，就不敢找人，唯有自己處理好了，但又恐怕處理不到。

沒有陪伴

總是不想獨自去旅行，獨自去吃飯，獨自上戲院，因為這感覺很差，也怕他人看見自己似個孤獨精。

沒有深交

身邊很多朋友，但並沒有深交，因為沒有人能完全懂我，明白我。常自覺是個多麼複雜的人，常想他人沒經歷過，又怎曉得？

沒有信任

感覺世途險惡，每個人都很自私，不會為我無條件地付出。最終，一切要靠自己。這很大可能是曾經歷過如被出賣等失望痛苦。

更深一層想，寂寞不是朋友在不在身邊。

寂寞，是一份疏離感，內心出現一份「別人不會理會我、關心我、明白我」的哀愁。或許，人在學習獨處的過程中，能夠真正明白自己而更喜歡自己，愛自己而非自憐，辨別自己的真正需要。那麼，才能減輕寂寞。

寂寞之苦，是一種在內心之中，想到我究竟生在這世上，為了什麼、有誰稀罕？這是一種很想被人知道自己存在，也較為重視我存在，並不是可有可無的感覺。要緊的是，你先給自己一個肯定：我於世上並非可有可無。

疏離感不因朋友離開，是關乎你如何面對分離過程中的自己。

學習獨處

這幾年，一羣朋友走了，由一幫人變成小貓三四隻，從熱鬧變成冷冰。

年輕時，喜歡熱鬧，喜歡人羣。當人漸漸長大，才開始享受獨處，希望更多私人空間，發現 me time 是如此珍貴。我們被密密麻麻的工作包圍，網上資訊或即時通訊訊息充斥，令你每天只有動用「應付 mode」去生活，沒法給自己空間抖抖，靜靜。

美國作家兼教育家 Kent Nerburn 曾說：「獨處是靈魂的試金石。它讓你知道你是否與自己和平相處，或是你的生活意義僅存於日常瑣碎的事情之中。」他說明了一件重要的事：獨處不是孤獨一人，而是與己共處。

《哈利波特》系列電影中飾演「妙麗」的著名女星 Emma Watson 一次接受訪問時說，她現時不是單身，而是「與己相伴」（Self-partnered）。這個詞道出一個人的時候也可以跟自己相處。

獨處時，人才可安靜地去思考，讓腦海中不同意識自由地遊走：有時候，問自己問題，自問自答；想起久違的思憶片段，重新回味，甚至開拓新視野；感受身體和情感上有何不妥不舒服，了解發生什麼事。這是一個自我觀察、對話、撫慰的過程，情況好像心中有另一個人跟你相處。這個人正是「你」。

英國心理學家溫尼考特（Donald Winnicott）提出過一個問題：人如何安心地獨處。原來獨處是關乎安全感。有安全感的人即使獨自一人，仍覺安心，不怕沒人理，沒人關心。沒安全感的人一旦獨處，就容易感到被忽略，被遺棄，心中充滿苦澀。

他更指出，獨處的能力跟成長有關。例如一個小孩子在情感上自小獲得母親的悉心關注，這種日積月累的關注會幫助孩子建立一份情感上的安全感，這份安全感源自一種感覺，就是「自己是被重視的」。這感覺能一直伴隨自己，即使人生或是遇上挫折，或是孤單，或是獨處，或是在人羣之中，都能產生頓悟，就是知道自己並非沒價值，有種健康的自我觀，因而安然地去生活，喜歡跟自己在一起。

人有時需要獨處一下，學習孤獨。在孤獨的時候，自己跟自己相處一番，對話一遍。

善待是突破距離感

香港人很奇怪。在富足中會自私，在危難中卻伸出援手。

幫助別人不是展示自己有多優越，而是一種人類的共同性。

疫情下，我們會想起 2003 年的沙士，也想起一些沙士英雄。他們都是拯救人的醫護人員。在現時的肺炎疫情時期，香港人都非常敬重醫護人員。

我想起醫院這個詞。醫院的英文是 hospital，hospital 這個字來自古法文：Hôtel-Dieu，直譯是「神的酒店」。說也奇怪，為何醫院竟是神的酒店？

自古以來，人類開始明白人不能完全掌控生命和疾病，一個病人能痊癒完全是神的工作，希望神用祂的能力和恩典去醫治人。即使科學昌明的今日，人類在新冠肺炎面前顯得渺小和無助。生命不是掌握在命運裏，而是在上帝的手裏。醫院是上帝跟死神搏鬥的地方、上帝掌權的地方、上帝看顧生命的地方。

再者，醫護彷彿是神派來的天使，所以護士叫做白衣天使。這些使者帶着一份使命，願每一個病患都能夠順利出院。Hospital 這個字與 hospitality 同一字根，意思都包含了「接待」或「善待」。醫護非萬能，雖不能肯定所有病得痊癒，卻仍可善待病人。善待不純是照顧，而是一顆尊重生命的心。在香港註冊醫生專業守則中有一條：「以專業和道德上的完全自主、同情心和尊重人類尊嚴的精神，致力提供合乎應有水平的醫療服務。」Hospitality 不只是專業和技術，也是態度和對人的尊重。

上帝在古時賜下律法，乃是叫以色列人學習去善待他人，例如客旅、孤兒寡婦。主耶穌到世間，都是對我們的一份善待。祂為了我們，最終更犧牲祂的生命。接待其實是一種分享。

在香港疫情初期，有人發起，當我們出街時記得多帶一個口罩，以便必要時將多出來的口罩去分享給其他人，例如窮人或基層人士，又或者是長者們。

分享不代表我們比人叻，比人優勝，比人擁有更多。分享，指出了一個事實，就是我們擁有的一切都是神善待及分享給我們的。我們所得，全是從上帝而出，一切是從神而來，所有 credit 全是上帝的。我們的分享，都可以說是上帝交在我們手上以轉手給其他有需要的人。

不要小看我們可以做的不多，沒什麼可分享。其實我們對別人一個小小的問候，一個口罩或者一份小禮物，都可以代表着一份分享，表現出人間有情。

如果更多人可以如此，在這世界我們可以處處都可見神的足跡，隨處可見 hospitality。

關愛取代距離感

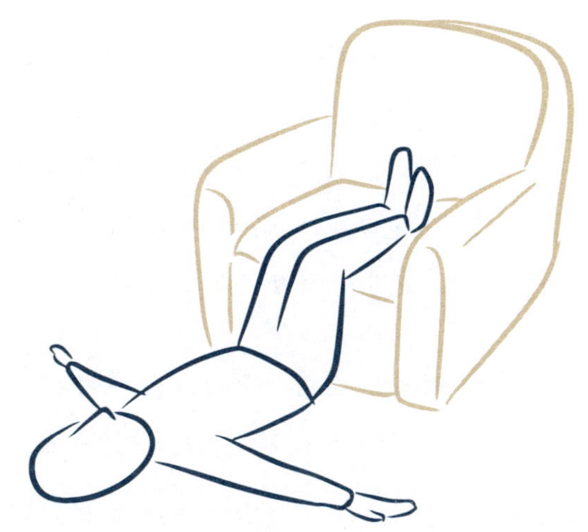

我們想走近他人。

擠在一起本來溫暖，但走得太近又感到不安全。

原來，距離感是來自缺乏安全感。

在疫情時期，我們常常聽到一個字眼，就是「隔離」（quarantine）。隔離給人一種很負面的感覺，覺得要與人分離，與世隔絕，甚至似坐監。

不過，我們可以想想，隔離的原意是什麼？隔離原意是害你嗎？是保護你自己嗎？

錯了。隔離的原意不是保護你，而是保護他人，不被有確診的人感染。隔離，原來是為了他人。

在疫情這種特別的危難日子，會更容易展現人性，當中有很美麗的人性，也有自私的人性。

曾經有一個確診人士被送到醫院接受治療，可是他突然逃走，警察花了好幾天才把他尋回。經過調查，他逃走的原因是他很害怕打針。很多人對此非常生氣，不是因為他確診，而是擔心他走到市區人多的地方，將疫情擴散。大家都認為他很自私。

疫情蔓延全球，不但引起恐慌，更引起人與人之間的猜疑。在疫情早期，聽到不少新聞，西方國家的人會對其他種族特別歧視，不認同其他人的行為和防疫方式。例如西方人初期對戴口罩非常抗拒，覺得這是「你們的」方法，「我們的」文化不用配戴口罩，甚至有國家嘲笑他國戴口罩或搶物資。為什麼在疫情期間，人會變得敵我分明呢？

我們一向生活在安舒的環境裏，對危險毋需諸多警戒。今日，當一種無形的肺炎疫情蔓延時，我們的防衛機制似乎自動開啟，還原我們原始的警戒心。例如，我們比平日更懷疑陌生人，不想同桌食飯，不想在公共交通工具上坐在一起；有些國家會歧視和忽視外勞；有些國家更想驅逐外國人。這些行為表面上為了自保，但他們都選擇了一種相對表面層次的警覺，沒能深入探討病毒原委，作出更有效的預防。

其實這是人與人心靈間的真正「距離」。人與人失去了支援和關愛，這才是最恐怖；有時候，人與人之間的歧視和偏見可能比病毒更毒，更會影響我們生存的福祉。當疫情下的社會強調社交距離、隔離。在社會層面，距離感是一份自我。每個人單顧自己的利益。如何突破這距離感？

心理學家曾做過一個實驗。他們請一些幼兒，大概是兩歲左右，觀看一齣布偶話劇，話劇故事有一個壞心地的動物布偶角色，及一個好心地的。之後，工作人員把兩個布偶放在幼兒面前，幼兒往往會選擇有好心地的動物布偶。這實驗想説明人可能天生有同理心或同情心。

在美國明尼蘇達州的一家外賣店，客人有個習慣：代下一位客人付錢，讓下一位客人可免費買外賣。之後，這變成一個風氣，每個人都為下一個人付款，成為佳話。

我們有時會失卻這份同理心，可能是：

- 忙碌，沒空間（生活，也可以是心靈）；
- 安全感影響（永遠都覺得自己不足夠）。

如果人與人能這散發着關愛，小小的力量可以匯聚成更大的力量。

最基本的常態，就是活在當下

當下，不在乎「做什麼」，在乎此時此刻「如何做」。

4

生活：反樸歸真

知道自己為何要做，不是糊裏糊塗過一世。

為自己度身訂造的新常態

人人都說「新常態」。有沒有敢回答想要怎樣的新常態呢？今日的新環境下，彷彿什麼都不可以做，還有什麼意義？其實，生活不在乎「新」，也不在乎「做什麼」，卻在乎「如何做」。一些平常的事，只要用心去做，就會發現豐富，發現新的空間，也可以重新打造「美好的」生活。

無聊

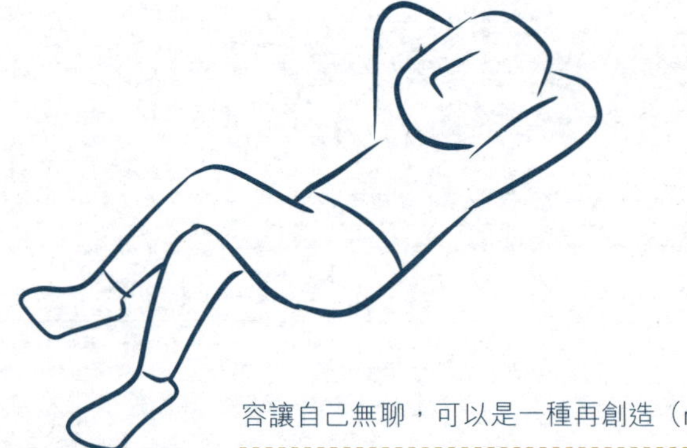

容讓自己無聊，可以是一種再創造（recreation）。

很多人怕無聊，認為無聊或放空就是不事生產。又有不少人認為無聊只為了休息，也沒有什麼特別價值。你有否想過，無聊可以是創意之源？

有人曾經為無聊做過一個實驗。

心理學家 Sandi Mann 在其著作《無聊的價值》（*The Upside of Downtime : Why Boredom is Good*）中提過，她讓實驗參加者進行 20 分鐘毫無意義的工作，例如抄下電話簿裏的電話。然後，再請他們想出兩個紙杯（飲水機旁邊擺放的那種紙杯）能創造出的所有可能功能。參與者便為他們的杯子，發想各種還算有創意的用途，像是拿來種植物或當成挖沙工具等。

接下來，Mann 增加了無聊的程度，這次是叫他們大聲唸出電話簿裏的電話。雖然有人真心喜歡這項任務，因而成為研究中的例外，但多數人都覺得唸電話號碼超級乏味厭煩。結果完全符合 Mann 原來的假設，參與者對紙杯的功能想出更多創意構想，包括耳環、打電話、變成樂器等。這一組參與者的思維，完全超脫了杯子就是容器的既有設定。

Mann 解釋：「當我們感到無趣時，會搜尋周遭更強烈的刺激點。我們可能透過思緒漫遊、在腦海神遊到別的地方來尋找刺激，因此能激發創造力。一旦開始造白日夢、讓思緒漫遊，你就能超脱意識並進入潛意識。這個過程導致新的連結出現，這就是創意誕生的過程。」

神經科學家 Marcus Raichle 認為，當我們的思緒漫遊時，便啟動大腦中「預設模式網絡」（Default mode network，簡稱：DMN）的部分。預設模式一詞也是由他創造，用來描述大腦處於「休息」的狀態；就是我們不需要專注於任何事的狀態。也就是說，放空時人的腦部活動並未停止，這和一般人的認知完全相反。

當你以為放空是把腦袋閒置，原來放空的時候，卻是喚醒了腦海中另一個神秘部分，填補空洞的空間。

你無聊嗎？

1986 年俄勒岡大學的研究人員 Richard Farmer 及 Norman Sundberg 曾經安排了一個心理測驗去測量人的沉悶指標。

以下有 28 條問題，你以 1 代表非常不同意，4 是中性，而 7 代表非常同意，看看你有多少分數。

1. 我不容易在工作上集中精神。
2. 很多時候，當我工作時，會憂慮着其他事。
3. 常常感覺時間流逝得很緩慢。
4. 我經常覺得不知道有什麼事可做。
5. 我經常會做了一些無甚意義的事。
6. 去看別人家人的影片或旅遊相片，我覺得非常沉悶。
7. 我很少會有計劃放在心頭。
8. 我很容易娛樂自己。
9. 我所做的事大部分都是重複和很單調。
10. 我需要很大量的刺激才能有動力。
11. 我要剔走一些工作項目。
12. 我經常對自己的工作不感到雀躍。
13. 我經常對事物沒大興趣。
14. 我經常都在枯坐沒事幹。
15. 我不擅長耐心地等候。
16. 我經常手上沒工作可做。
17. 我一旦要排隊等候，就感到焦躁。
18. 我很少有新主意。
19. 我感覺很難會找到一份有趣的工作。
20. 我希望我的人生更多挑戰。
21. 我覺得工作沒發揮我的專長。
22. 很多人說我是個有創意的人。
23. 我的興趣很少，反而太過空閒。
24. 在我朋友中，我最快會選擇放棄。

25. 除非在做一些很刺激的事，否則我會悶死。
26. 我要經常感受有轉變，才會感到興奮。
27. 我覺得電視、電影上的東西都千篇一律。
28. 當我年輕時，我是非常單調和沉悶。

如果你的分數在 81 以下，你不感覺沉悶，很微小的事情也會令你振奮。

如果你的分數是在 81 至 117 之間，你會有時感到悶，但不嚴重，只要你懂得打發時間。

如果你的分數是 117 以上，你非常容易感到沉悶，但不一定有問題，視乎你是哪種無聊。

愉快的無聊

2014 年，德國康斯坦茨大學教授 Thomas Goetz，深入探討沉悶這回事，指出沉悶可以分為五大類（見右圖）。這圖表的左右軸是外界對一個人有多少刺激（arousal），上下軸就是內心究竟有正面抑或負面的感受。五種無聊分別是：

冷淡型無聊（Indifferent boredom）

這是一種最愉快的無聊，沒事可做，仍會放鬆，感覺顯得正面；不介意退一步海闊天空，讓一顆心自在優游，不需拚命尋求刺激。

煩躁型無聊（Apathetic boredom）

這是一種負面的無聊。面對這種無聊的人相當煩躁，極想擺脫無聊的狀態，需要激烈的刺激，因而可能想搞破壞或訴諸暴力。

校正型無聊（Calibrating boredom）

這是一種比較沒那麼愉快的無聊，人會稍微設法減少無聊感，稍微努力尋求刺激，但始終無法真正滿意。原因也許是思緒會飄來飄去，不知道自己想做什麼，怎樣才能尋得刺激。

探尋型無聊（Searching boredom）

這一種無聊會驅使人主動尋找有趣的事情，甚至出現某些無傷大雅的行為，像是傳訊息給朋友或隨手胡亂畫圖，當然也可能出現更有創意的排遣無聊方法。

無感型無聊（Reactant boredom）

這一種無聊類型非常不好受，一方面受着外界的衝擊，另一方面內心總是提不起勁，類似抑鬱症與無助感，可能比其他類型的無聊造成更大危害。

Goetz 雖然定出五種類別的無聊，但他卻沒說要如何應對。其實我看冷淡型無聊可以說是一種平常心，而探尋型無聊是一種喜歡與人交往結連的傾向。兩者都較為正面。其他的，可能引起沉悶和不快。但我覺得當你感到無聊時，可以細察自己的心理狀態，內心有哪些不能滿足，可否化負面的情緒成為尋找新刺激的動力？或者將外部過分的刺激（或壓力）減低，令自己好過點？

聯想

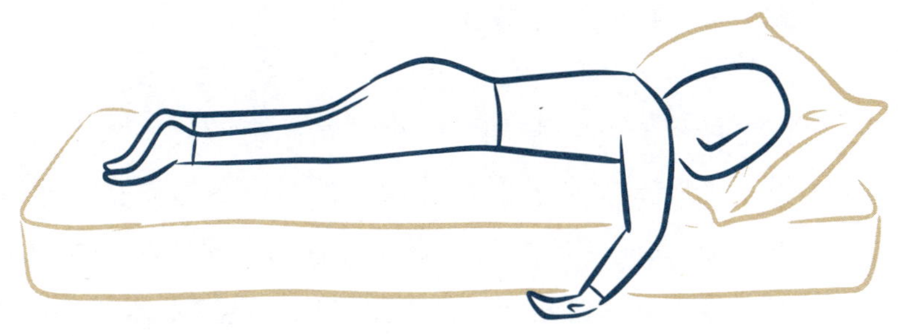

有時聯想與無聊只差一線。

小時候，時間多着，加上沒太多遊戲玩意，我會創作一些自娛的事，去打發時間。其中一項是「聯想」。

我過去住的單位，牆壁表面不夠光滑，有些地方甚至凹凸不平。有時，我或坐在椅上，或坐在馬桶，呆呆望着一些不光滑的地方，發現當中有很多紋理和不規則的形狀圖案，便嘗試聯想它們會是什麼。有些似狗，有些似老太婆，有些似超人戰士。

有時，我甚至將不同圖案串連編成一個故事，例如一位老太婆被一隻超級巨犬追殺，幸得超人戰士相救，可是超人不敵惡犬，最後竟然由老太婆用有毒食物引開惡犬，把牠消滅了。聽來夠無聊吧！

有時在下雨天，我會望着玻璃窗，留心雨點打在玻璃表面時留下點點水珠，一滴一滴徐徐地流下，形成不同的路線，聯想起錯綜複雜的星空星軌、火車路線圖。表面無聊，實在也是賞心樂事。

人之所以有這些聯想，科學家會這樣解釋：當人看到外界事物時，並非被動地接收，而是腦袋會產生一種「知覺（perception）作用」，就是事先預設會接收哪些感覺的資料，而予以對照匹配，而不會單靠取得點滴外界資訊而逐步累積而成，即是人接觸外在事物時是有主觀認知的。神經科學家 Donald Mackey 在 1956 年提出，大腦中的視覺皮質（Visual cortex）會建構一種內部模型，事先預想會從視網膜接收什麼資訊，才傳入丘腦（Thalamus），再由丘腦去分析及發現跟預想有沒有差異。

今天我們旅遊時觀看很多大自然景點，古人會為一些怪石奇峰命名，什麼望夫石、女王石、陽具石、五指山等，它們不但代表古文明對大自然的崇拜，也代表古人的創意空間，為生活找多點意義。生活不只是生存，還要加上幽默，加上好奇，加上對生活的期待。

所以，我們要問自己有多少時間可以望天望浮雲，看海看浪花，坐在家中發現家中的一事一物，在公園細心觀賞每棵樹每片葉？進一步更要問，我們對生活已經失去幽默感、好奇心和對生命的期待嗎？

我覺得聯想不只關乎創意，也關乎生活，在單調的生活找出深一層的意義，在表面的自己尋找另一面、另一層次的你。你本來可能很幽默，充滿好奇，熱愛生命的。

急速的節奏容易令人失平衡，忘掉初心。

我們的生活愈來愈趕急，有時候不是你很想趕急，而是身邊的人催促你。在街道上，流動的人羣迫你要急步快走；在工作間，每個同事都説自己的事特別優先，要你儘快完成；席上朋友個個説話速度很快，像擔心沒機會發言。

普林斯頓大學教授 John Darley 和 Daniel Batson 曾經進行一個研究，名叫「好撒馬利亞人」（Good Samaritan study），目的是了解人行為的動機如何受外界影響。他們研究的對象是一班在基督教神學院就讀的神學生。

研究內容與《聖經》中「好撒馬利亞人」的故事關係密切。耶穌講過一個故事，大意是有個猶太人在路上給強盜掠劫，更被打傷。幾個宗教領袖經過袖手旁觀，只有一個被猶太人藐視的撒馬利亞人經過，卻出手照顧那傷者 。

研究借用這故事，邀請這班神學生在禮拜日到附近不同教堂講道，而途中會安排一個假扮有病的人出現，看看他們的反應。在出發前，有些人會先查閱《聖經》有關「好撒馬利亞人」的記載；有些會填一份問卷，詢問他們當初讀神學的志向；有些什麼都不用做。

在途中，每個神學生都有一個研究員陪伴。有些會被催促，被提醒説不夠時間；有些會被提醒時間還是充裕。

很多研究員預料大部分經過查經或填寫問卷的神學生，必定傾向中途停下照顧那傷者。結果卻出人意表，原來大部分會停下看望傷者的，是聽到有充裕時間的人，而不是預先有被影響的人。原來人的行為和初衷如此受時間條件影響。

急速的節奏容易令人失平衡，容易迷失了初心，究竟你生活的優次是什麼？你最想做的事是什麼？First things first 的意思是：重要的事情先做。只有不以急的心態，慢下來，才可以清醒地重尋你的真正 first thing 。

緩慢

慢，可療癒，也可令人發現更多可能。

挪威除了三文魚，還有什麼？就是世界知名的「慢電視」（Slow TV）。

2009 年，挪威廣播公司（NRK）推出第一個慢電視節目叫「卑爾根鐵路篇」，為記念卑爾根鐵路百周年。這節目長達 7 個多小時，沒有一句旁白、廣告或劇情，鏡頭以火車頭的視點，似直播一般地，原汁原味記錄由鐵路起點至終點的沿途一事一物。不要以為這節目是挪威版的《魚樂無窮》，只不過用來消磨時間。意外地，這節目竟然吸引了挪威全國四分一的民眾收看。

接着，2011 年電視台再接再厲，播映了長達 134 小時的「郵輪之旅」，成為健力士世界紀錄中最長時間的直播電視節目，2013 年再播放了 13 小時的「壁爐燒柴」，以後還有 12 小時的「織毛衣」、24 小時的「釣三文魚」、14 小時的「小鳥篇」和 2017 年連續幾天的「麋鹿遷徙」等。電視台共推出了十多個不同風格的「慢」系列，平均收視率都達 20% 至 40%。

所謂慢，顧名思義，節奏一定要慢。慢，對香港人來說，會很悶，很無聊。不過，我相信在挪威人心裏，這個慢不代表悶，而是一種療癒。

首先，這療癒是放慢急促的步伐，靜心等待和發現。人之所以不自覺地急促起來，因為沒耐性，不願等，也害怕要等的事物沒出現。而且，都市人在急促的節奏下接收密集的官能刺激。當刺激愈多，之後為了滿足內在渴求，所要的刺激就更多，如同上癮一般。慢電視卻發揮了一種放慢的功效，讓人減低焦急的心情，減低官能刺激的需要，慢慢撫平內心的不安。

其次，這療癒是一種放空。放空可以說成一種無為無慾，即是無所期待，只有默默守候或會出現的驚喜，就是你沒想過會出現的事物。這種沒期待的期待表面有點禪，實在能鍛煉人學習接納、放下、看透和感恩的心。

專注

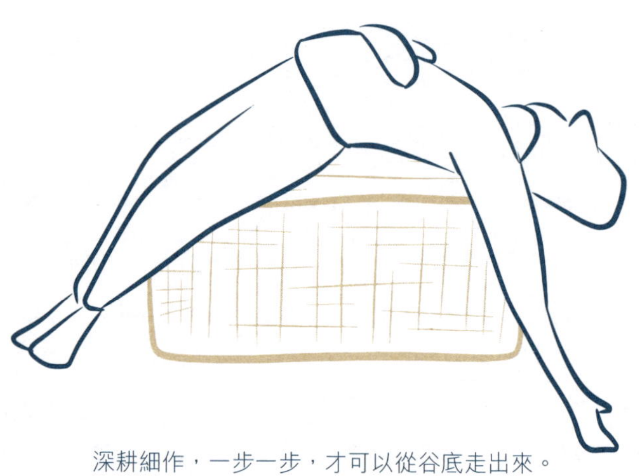

深耕細作，一步一步，才可以從谷底走出來。

2018 年日本出版一本很奇怪的書，書中沒一隻文字。這本書名叫《2017 年最大的質數》，719 頁內只是印刷了一個共有 23,249,425 位數的數字，是目前為止人類發現最大的質數。

2019 年，Google 的日本員工 Emma Haruka Iwao，利用 Google 雲端運算資源，將圓周率 π 的小數點後數字計算到第 31.4 兆進位，刷新世界紀錄。

以上兩件跟數學有關的事，雖然是創舉，不過似乎跟我們平日生活完全無關。你會問，為何要花那麼多工夫去做這一件事？

我們每天做很多件事，又是否每件事都有重大意義，對我們有深遠影響？如果昔日古代沒有人專注去鑽研一些學問，就沒有今天的文明。

Gary Keller 在 *The One Thing: The Surprisingly Simple Truth Behind Extraordinary Results* 一書中，說明專注把一件事做好，許多事自然迎刃而解。他指出很多人會有以下六個迷思：

- 「每件事都重要」：其實世界非平等，反而大都在 80/20 法則下發生，我們要找出少數中最重要的少數來做。

- 「同時多工效率高」：多工者心思雜亂，可能同時做很多事，但也有機會一次搞砸更多事。

- 「要嚴以律己」：單單有紀律不會成功，是強迫性的，反而成功是養成做對事情的習慣，是良性的生活模式。

- 「只要有堅持的意志，凡事都會成功」：意志力是有限資源，很快就會消耗，反而專注才能有效運用個人資源。

- 「追求工作與生活平衡」：工作生活平衡，面面俱圓其實是個迷思。要聚焦，就不可能維持平衡 。

- 「眼高就會手低」：想大事、放眼高處、大膽行動，可以擴張生活、成就更多。

他說明了工作上的「減法」習慣。我們毋須做一個科學家或數學家，但只要我們可以學習專注一件事，用「鑿石仔」的態度一步一步去做，也可能發現對你的創舉。

等待

愈焦慮，愈沒耐性。愈沒耐性，愈煩躁不安。愈不安，愈做不成。

現代人不斷尋找方法去減少「等」的時間。

例如：巴士公司推出手機應用程式幫助乘客更容易掌握巴士的班次，減少等候的時間。當你知道巴士就快到站，便可以跑快兩步，不用錯過了這班而要等下一班。這樣的科技似乎提升我們的生活效率。

不過以上說法會否表達了「等」是一種沒效率，不是必要，甚至浪費的事？

等，是一種自由

自由的意思是自己可以選擇。根據上述巴士的例子，表面上當你知道班次，可以趕快去追車。用另一角度看，人變得被動，被把士班次綑綁，彷彿強迫你要追趕，否則明知道可以追而不去追，就蝕底了。當你不用趕，不用忙，這是一份選擇，一份自由，可以隨心、隨着時間去慢慢生活。

等，是一種自限

自限就是延遲滿足。史丹福大學在六、七十年代做了一個經典的實驗，叫棉花糖實驗（Marshmallow experiment）。參加實驗的小孩子可以選擇一樣獎勵（如棉花糖），或者選擇等待一段時間，直到實驗者返回房間（通常為 15 分鐘）後，而得到相同的兩個獎勵。研究者發現能為了雙重獎勵而堅持忍耐更長時間的小孩，日後通常具有更好的人生表現。

等，是一種享受

等，表面辛苦，但帶着期待。想有就有，唾手可得，沒期待，很多事都容易變得乏味。每項期待都會影響心情，如果我們以為所有期待的事物都必然得到，等待時心態反而會變得負面，難以享受等的過程。

等，是一種停下

這停下讓我們有空間去感受當下環境和自己。停下的訓練其實是耐性的操練，也是悟性的操練，悟出一份自由、自限和人生的彈性。

知否？有時候，等是必須的。

玩耍

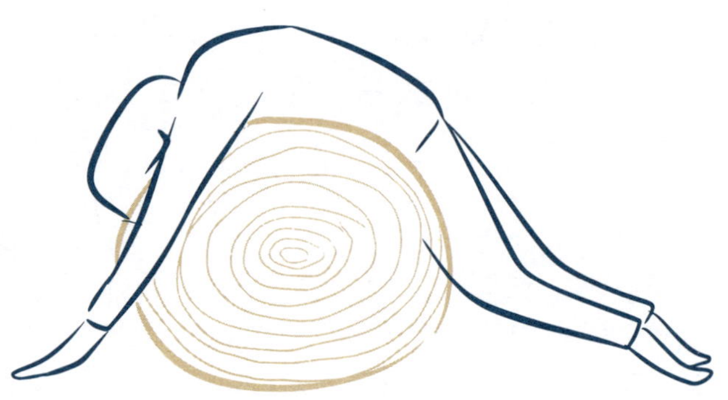

痛苦時，不如去玩玩，是替自己解毒的過程。

現時，不少人和團體開始積極推廣讓小孩子有足夠時間去玩。玩，對人類的確很重要，並非無謂，並非浪費時間，並非沒生產力。玩，不是小孩子的專利，只是他們有較多空餘時間。玩，其實是任何年紀的人所必需的。

玩是休息

哲學家 Friedreich Schiller 提出多餘能量理論（The surplus energy theory），説明人類需要透過玩去消耗或發洩過多的內在能量，俗稱「放電」。小孩子的確需要玩去消耗多餘的精力，以致更能集中和專注。成年人也可能要透過玩去增強腦部的安多酚，化解內心的負能量，也需要在玩的時候給大腦「休息」，之後更能專注工作。

玩是表達

弗洛依德提出精神分析學理論（Psychoanalytic theory），説明玩是一種表達或抒發，釋放人們潛藏心底的思緒和感受，特別是那些不易察覺的負面思維或情感，以致可以緩解。例如當一個小孩子在玩一種遊戲，可能同時有意無意間聯想到一個發生過又遺忘了的情境，由潛意識跑到有意識，就自然解開這心理的結。這方面，相信成年人也極其需要。

玩是平衡

心理學家 Daniel Berlyne 提出調節激發理論（Arousal modulation theory），說明人透過玩，可以自動調節外在對大腦中樞神經的刺激的程度，令這些刺激不多也不少。我們每個人每天每刻都受着很多外來刺激，大腦很多時候是吃不消的。玩，正可以在過程中調整，或加強，或消耗，都對我們有益的。

玩是換轉角度

著名人類學家 Gregory Bateson 提出超越性的溝通理論（Meta-communicative），讓孩子從遊戲中，學習以第三身身分去看事物，例如玩角色扮演，從中領悟一些啟發和道理，及人與人之間是如何互動。成年人在自己的世界愈長，思維就愈狹窄，不易站在別人角度去思想。玩，幫助我們換個角度，擴闊思想。

玩是學習

發展心理學家 Jean Piaget 及 Lev Vygotsky 提出認知理論（Cognitive theory），小孩子在玩的過程學習解難技巧，而 Vygotsky 相信他們在玩的過程培養抽象的思維。成年人要終身學習，在玩的過程可以學到很多新事物。

玩，可以很有創意，很即興，沒特定物件。我記得兒時，家境不太好，家中有什麼東西就玩什麼，沒 legos，用麻將當成大件 legos；用花生或豆也可以下棋。沒特定地方，跟同學在街上、公園、郊外或大廈各樓層都可以追逐一番。沒特定人物，在球場或什麼場合，志同道合就可以玩起來。

那些年，不懂尷尬，不介意面子，隨時隨地就可以結交朋友，一起玩樂。然而當人大了，反而限制多多，已不懂去玩。

步行

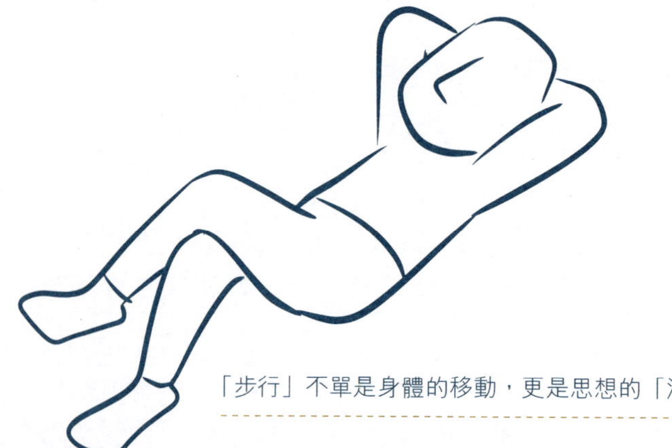

「步行」不單是身體的移動，更是思想的「活動」。

步行，帶你由 A 點走到 B 點，所以有人叫步行做 11 號巴士。從 A 到 B 之間可以發生什麼？心中想着將要做的事、忙着找路、怕迷路、急着怕遲到，一直望着手錶、低着頭玩手機？其實步行是最好的「自己時間」(me time)。

這個「只有」就是只有你跟自己相處，我和我。保持只有「自己時間」不易，因為我們容易「被帶走」。例如，忙着跟別人傾電話、覆 WhatsApp、在社交媒體上看別人的動向，或向人分享自己的動向。不少人曾經經歷過摔倒，原因很多時候都是不專注，一不留神就跌倒。

沒有多少人留心走路時的腳，除了以下時候：剛受過傷、新鞋磨腳、下雨天襪子濕了、鞋裏有粒小石，往往都是使你不舒服不愉快的事，才令你關注一下自己的身體。如果要身體不舒服，你才開始關注它，未免對自己太刻薄了。

不錯，你老早已學懂走路，但你可能沒發現：走路是一種「讓身體帶你走，再由思想帶你走」的空間，身體和心思連合起來。你可能會大感奇怪。請你想想，很多人思考時，有時會不斷踱步，在踱步中尋找靈感。

我喜歡「靜步」。選擇一個安靜的地點，室內或室外，一個人靜靜地、慢條斯理地、漫無目的地踱步。靜，只是表面的靜，在踱步中內心其實充斥雜音，充滿思緒。我的習慣是不會刻意放棄某些思緒。因為當下的思緒正是反映你的現狀，掛心什麼，憂慮什麼，也反映你意識底下不同層次的狀態。例如，踱步的起初，你可能想起最近要辦的事，當前困擾你的事。當進入另一層思緒，會記起一些早前的事，或應該做又一直忘了做的事。又過一個階段，你的思緒可能走到更遠，想起一些往事、一些舊人。不錯。這是我有時的經驗，每個人都不同。

所謂「靜步」，這個「步」不單是身體的走動，更是思想的「走路」，讓思想自由地步行，讓思想帶你走進意識或潛意識之間漫遊，發現自己很少踏足的境界。

跑步

每一次跑步，都是 body and mind 的對話。

很多人在年輕時總感到跑步很沉悶，一點趣味都沒有。反而，人漸長大，會發現跑步對身心的樂趣。挑戰你試跑 30 分鐘。如果你沒有常常跑步，這 30 分鐘對你絕不容易。用 30 分鐘看電視，時間會快過。用同樣時間跑步，就不是説笑了。

萬事起頭難，當你起步時，會感到身體不同肌肉開始學習協調，腳掌適應地面，心肺適應呼吸，整個人有種 reset 的感覺。開始時，仍未覺攰，會留意一下四周的風光，感受空氣中的溫度、濕度和風勢。

跑步講求節奏，節奏不只是速度，同時包括身體和呼吸的調整，整個人能找出一個最適合自己，心情最舒服、最舒暢的狀態。過程中，你要留意自己的身體以至呼吸和心律，就是你在跑步中的總和。

不經不覺間，你的意念開始遊走，可能想起一些瑣碎的事、或近或遠的往事、一些想做未做的工作，甚至一些創新的意念。這是跑步在身體以外帶給你的思考空間。

你已經跑了一半時間，開始感到疲乏，必須對抗內心想放棄的意念。「想繼續」和「想放棄」兩者在腦海中不斷交錯，好像有兩把勢不兩立的聲音不斷對罵。你要對身體最感疲乏，甚至飢腸轆轆的部分説話，希望它們可以繼續為你服務，支撐下去。同時，內心可能自行出現很多誘惑，可能是一個安樂被窩、一杯冰凍飲品、一種美食，目的都是叫你停下來。你只好對自己説，好好跑完，就可以享受這一切。

終於到了最後倒數的階段，你很想儘快完結，不去想身體疲乏痠軟的部分，只可靠意志，這意志是利誘或強力的自我激勵。

由十倒數到零。半小時終於完成了。你的身體漸漸減速，留意到自己急促的呼吸聲，腦海中開始訝異自己竟然完成這個不容易的半小時，為自己感到滿足。原來，自己可以做到。

跑步，就是一場自我跟身體的對話。

煮食

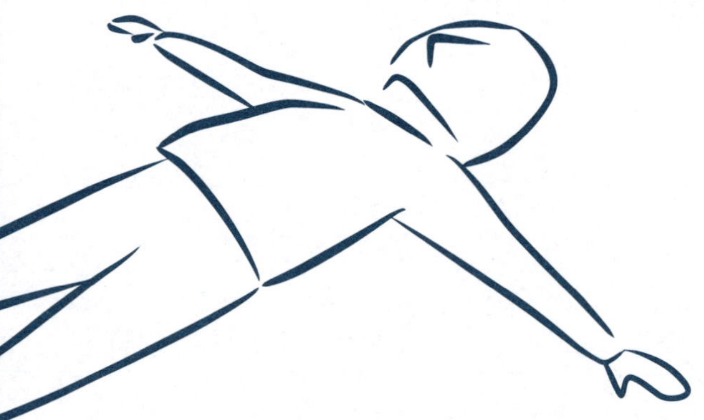

預備食物，就是學習善待自己和別人。

香港人很少下廚，廚房沒地方，生活沒時間。煮食的工作往往交給母親或食店。

煮食可以很功能性，純粹為了「預備」食物，是配角，而主角基本上是進食。可是，如果沒人去煮，根本沒食物可言。煮食，反而成為了飲食的源頭。

例如當你觀看烹飪節目時，你不會想節目只播出製成品，而想觀看烹飪過程。過程才是主菜。有些人特意到米芝蓮餐廳一嚐美食，都總愛參觀其廚房，一睹美食背後的玄機。原來人的確會對煮食有份無形的好奇。

但生活太沒空間了，沒空間到一個地步，不會再問自己吃什麼，食物何來。有人說，我們就是所吃的（we are what we eat）。我們彷彿忘了自己是誰。

煮食的過程，你要掌握將會吃什麼，用雙手去清洗食材、去切、去醃，然後觀看食材在煮食期間的微妙變化，包括顏色、形狀、質感，甚至水變成蒸氣的樣子，又要留意嗅覺與味覺。身體、五觀和思想都要集中在一件事，一個目標，就是預備食物。同時，你也在留意自己。如果你預備食物是為了給別人吃的，你更要了解別人究竟喜歡什麼口味，甜一點？淡一點？這樣你與他人心靈就會連在一起。

煮食要掌握時間，當中重要的訓練是「等待」。你要專心地默默守候，好像等待心儀的情人出現。欲速則不達。等待，要耐性，也就要知道各樣事物都有它的時間。煮豬肉，煮蔬菜，煮雞蛋都有着不同的時間。

煮食又教曉我們「次序」，正如食譜的指導都是一步一步來的（step by step）。煮食也教曉我們「分量」，不能太多，不能太少。

人不能改變和操控一些世間定律。心急和貪婪在忙碌的時候會探訪我們，又或者工作間上司和同事的工作模式，不知不覺間令我們變得一樣急躁貪婪。煮食是一種操練，操練我們的耐性和悟性，凡事要適可而止，知道什麼是enough。

吃喝

試想，能夠吃喝，都是恩典。

你平日是急速的吃，還是慢慢的吃？吃可以很功能化，只是為了充飢溫飽，也可以是享受，精神上的滿足。究竟吃是什麼？

吃對一個嬰孩來說，非常重要。嬰孩出生時，第一件事要吃奶，這是生命之源。吃是一份身體和心靈的滿足，因為她感受到母親關切的餵養，當中展示了愛。人類最原始的關係首先來自吃。

弗洛依德說，如果一個嬰孩在哺乳的階段（「口腔期」）沒有好好被餵養或滿足，日後可能會出現有關口腔或飲食上的心理問題，例如貪吃、厭食或吸毒等問題。

吃也可以滿足我們的心靈需要。如果吃只是為了充飢，只有功能性，我們會忘卻了吃可以帶來的其他層次的滿足。

第一，吃關乎關係

跟誰人吃？是誰替你預備？或你為誰預備食物？都是一種關係性的活動。吃是一種分享，一起分享美食和氣氛，一起分享心意和付出。東方人愛圍坐在桌旁一起共享一些菜餚，而西方人比較傾向自己吃自己的一份。在這方面，東方人可能更懂食物的分享。此外，在桌上的禮儀，也算是一種對別人的尊重。這一切都是關係。

第二，吃關乎感恩的心

感恩的心不單説明感謝預備食物的人，感謝與你一起用膳的人，更加上要感謝食物為你帶來的歡愉。如何感謝？就要品嘗。品嘗，由味覺開始，先嗅一嗅食物的香氣，再觀看它的外表，每一種食材的顏色形狀，之後才在口腔中細細品嘗，用舌頭去嚐食材表層及內裏不同層次的味道，最後感受食物進到腹部的滿足感覺。這種完整的經驗可以幫助你帶着感恩的心去領受：可以在這裏吃到這食物，絕非必然，是一種幸福。

減法

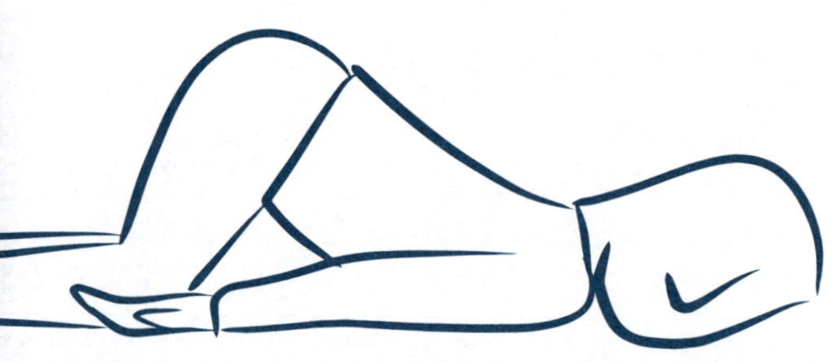

學懂了減法，就不怕缺乏，更懂珍惜。

今天我們生活上「增」的速度遠遠地超出「減」的速度。因此，我們正高速增加生活的密度，例如工作量、購買量，也增加工作不眠的時間。可能，單靠「斷捨離」已不足以令人活出「減」的生活，我們需要「加一減二」的方法。

有朋友的家中已經積存了太多東西，因此他想出一個辦法，就是每買一件東西，就要捨棄兩件東西。這概念就是「加一減二」的方法。可是，實踐這方法很困難，很少人會想失去，看見自己擁有的東西愈來愈少。要解決這困難，我們要有一種省悟。以下有三個反省方向：

首先是「取」和「捨」的態度。

我們喜歡取，而不喜歡捨；喜歡得而不喜歡失。試想，我們可以擁有一切嗎？可以防治任何失去嗎？失去，是生命的事實。不懂捨的人生更容易製造出遺憾。遺憾的意思是「不能失去」或「不接受失去」，執著不放手。有取有捨卻是人生的常態，也是生命的平衡，人知道有限，才會知足。

另一個反思是為何會想買。

這裏當然想説購買不必要或不需要的東西。想買，很多時候跟安全感有關。例如，有些人望見一些東西時，總是覺得我有需要，或者將來有需要，又或者家中同一件東西可能會損耗，現在必須先擁有。內心有種焦慮，現時已經感到不足夠，想像壞情況將會出現。其實，這份不安感從何而來？

最後，想買，也是因為覺得多比少好。多，就可以有選擇。其實，多反而未必有選擇，因為你會發現很難去選。相反有人説「少就是多」(Less is more)，而這句富深奧哲理的名言，是英國詩人伯朗寧（Robert Browning）所説的。他認為一切事物，都是以質勝量的，所謂「簡單就是美。」意思是在少數中更容易看到事物的重要和焦點，看得清，自然選得好。

收拾

收拾的過程是拾起回憶。

如果給你四小時去收拾堆積了很久的雜物，你可能會花一小時收拾，卻用上其餘三小時緬懷每一件物件。這是很正常，因為物件帶着回憶，當中有悲歡離合。因此，收拾的時間也是緬懷的時間。

為何人會緬懷過去？

首先，我們要了解什麼是回憶。回憶其實是一種重構記憶（Reconstructive memory）。重構記憶的意思是，回憶是我們在對某一段情節性記憶進行重構，而這一過程是選擇性的，選擇對你有相當影響力，接近你喜好，接近你思想想法的方向而行。同時，重構記憶會受到很多因素影響，比如個人感知、想像、對外界客觀事實的記憶、信念、社會等。

例如，大眾文化總是告訴我們，長大之後我們和周圍的人難以交心，所以我們在回憶小時候的友誼時，記起來的全是和朋友吃着薯片喝着可樂打遊戲機的日子，想像當時的關係比現在更加「單純」。

如此說，回憶可能是自我欺騙。不錯，人是主觀的，也改不了。重要的是，我們如何選擇有意義地去回憶。

許多人懷念過去，是和當下做對比，不滿於現狀，認為「過去比現在好多了」、「舊時光才是生活」。這樣緬懷過去的方式，並不會為身心健康帶來任何好處。

但是，當我們將回憶過去作為思考人生的一種方式，問自己過去的經歷給人生帶來了怎樣的意義的時候，回憶過去就對我們有益處。例如：

- 對一些不能回轉的過去，我們選擇回味，回味過後就放手；
- 對自己過去的成就，我們選擇肯定自己；
- 對自己過去的錯失，我們選擇自我寬恕；
- 對一些喜歡的人，我們選擇感恩，甚至再次聯絡；
- 對一些不喜歡的人，我們選擇學習當中的功課，下次不再被玩弄。

緊緊的抱着回憶，也許你會得到短暫的安慰和溫暖，但我們都知道，這個世界上的任何一次擁抱，都將以鬆手告終。

攝影

多用你的眼睛，心靈之窗便會開得更廣。

提到攝影，不能不提被譽為20世紀最重要的攝影家之一 —— 布列松（Henri Cartier-Bresson），他最影響後世攝影師的，是他的「決定性瞬間」攝影理論。

這個「瞬間」本身就是一種特定空間。

攝影的意義，就是在當下和剎那之間，去了解人、事、物，更重要是賦予這人、事、物一種「意義」。簡單來說，攝影就是去找出生活中的一個「定格」，從定格中讓人或徹底地觀看清楚這事物，又或用一種全新角度去了解這事物。

你每天上班都走這條路，這條路於你看似平平無奇。一旦你找到那「瞬間」，例如當你發現路上的杜鵑花原來已經盛放，就會知道春天來了，感到這條路不再單調，幻想花香處處，更可能聯想有蜜蜂和蝴蝶拜訪。再進一步，你甚至可能想，這城市不算灰沉，起碼有花卉點綴，你的生活並非想像中淡而乏味，變得有生機。這就是從「瞬間」的意義轉移至個人的意義上。

今天手機的攝影功能很卓越，很多人會在進食時「相機先吃」，聚會時留個「出席證明」，或旅行時標示「到此一遊」。可否為自己創造「瞬間」的空間，為生活尋找意義呢？留意你的生活和人物的細節，動動腦筋去建構屬於你的一份生活意義。這個通過大腦的「瞬間」才會在腦海中佔有位置和記憶。

布列松形容「攝影」是將你的感覺高聲地呼喊出來。呼喊前，先要把一些生活細節貫通每一條腦神經，加以想像。其實我們可以用「攝影的態度」去生活，如此生活不再是信箱中的傳單，一看即棄，而是一本好小説，讓人逐頁細閱。

布列松曾説：「一個人不管做什麼，眼睛所見和心靈間一定存有某種關係聯繫着……閉着眼睛看見內在，張開眼睛看外在的世界。」意思是，「瞬間」的空間是眼與心的連結，或許很短，但意義可以很深長。

欣賞

美感是打從你心底發出的感受和呼聲。

美術能陶冶性情，這話不錯。不過，試問我們平日有多少時間去創作藝術、欣賞藝術？有時本港有些特別的展覽品，市民只有一窩蜂去打卡，向着展覽品拍個照就走了。

有次我到加拿大探訪，有位朋友帶我參觀一間美術館。到達時，她並沒有立即讓我進入展場，反而帶我到了一個類似咖啡廳或休息室的地方。她叫我坐在這裏安靜30分鐘，特別是感受一下這裏的環境和氣氛。初時我感覺奇怪，甚至覺得有點浪費時間。不過，她既然是「主」，我是「客」，我唯有聽從。

開始時，我四周觀察環境，漸漸發現一些我不會容易察覺的地方。我開始留意其他人的舉動説話，幻想他們為何而來。之後，我意識到那裏的空氣及自己的呼吸。我的呼吸漸漸變得緩慢，與那裏安靜的氣氛混成一體。我感覺自己的心跳很平穩，心情很舒暢，內心沒過分的期望，也沒過分催迫，只想張開眼睛，看到什麼，就讓什麼進入眼簾。原來30分鐘聽來很長，在感受下卻過得很快。我很想繼續停留在這一刻，這地方。

當我進入展覽廳，朋友向我説，很多人站在畫作前，都立即留意資料介紹或拍照。她叫我不用太在意每幅畫的介紹資料，只要坐在它面前，用眼睛和心去看，欣賞我想欣賞的東西，感受我感受到的，喜歡也好，不喜歡也好，隨心地隨思緒地遊走畫作之間，也不用貪心地想看完所有作品，今天我可以享受多少就享受多少。

這種經驗同時發生在阿姆斯特丹國家博物館（Rijksmuseum），那裏的規模當然比不上倫敦或紐約等大城市的博物館。有趣地，除了主要介紹，每件藝術品還會附帶一張館長提議，提醒參觀人士不用太在意作品歷史和背景或有什麼藝術價值，只要專注自己的感受，相信自己的感受，容讓思緒從畫框中飛越出來，自由地聯想。

我不懂藝術，但我相信大部分的藝術家都想他們的作品，可以為欣賞者創造屬於個人的空間。

寫作

寫作，為你生命留下痕跡，否則「這一刻」就一瞬而過。

對不少人來說，要提起一支筆去寫作，甚是艱難，那支筆有如千斤重。他們可能自覺胸無半點墨水，沒文采，又或沒有想法去寫。其實，寫作不一定是作家文人的事，也可以是平常生活中的一種空間。

我們的思維很多時候都很零碎，很混亂，東拉西扯。有時候，我們有些想法明明很有趣，但霎時間又立即飄走。寫作強迫我們去整理這些散亂的思維，好像從一個亂纏在一起的毛球，將那根線慢慢抽出來，把脈絡理清。思想從飄散的白雲，變成有條理，有組織的東西。寫作，是思考的空間。

寫作，可以記下重點。但重點有時不足夠解釋。因此，寫作也需要寫下細節，為自己的重點加以解釋和延伸。正因如此，寫作迫使我們要留意、觀察和記下細節。當你要記錄一件事的時候，要想想當中發生了什麼，有什麼人出現，說過什麼話，甚至彼此間的反應和互動。寫作，是觀察的空間。

寫作也可以是一種跟自己對話的過程。當你一面寫，其實在問自己對事情有多了解，問自己對事情有什麼想法或喜好。又當你想寫下心情，更要問自己內心究竟有什麼感覺，是喜怒哀樂嗎？寫作，是自我發現的空間。

很多人寫日記、札記，都是為了記下生活的大小事。這種紀錄就是你的歷史。你是自己的史官。歷史，是人類對自己的回顧和反省。我們的記憶很有限，可以記憶下來的東西很少，歷史容易漸漸流逝。為自己做紀錄是對生命的一份珍惜，珍惜過去發生過，又對自己有重要性的，不論是好是壞的事。回顧的過程，你或會疑惑當日自己的想法，或會驚訝自己曾經如此，或會感謝曾跟你走過人生路的人。寫作，是學習珍惜的空間。

如果寫作是為自己創造空間，哪怕自己的文采好與壞，只要享受就足夠了。

旅行

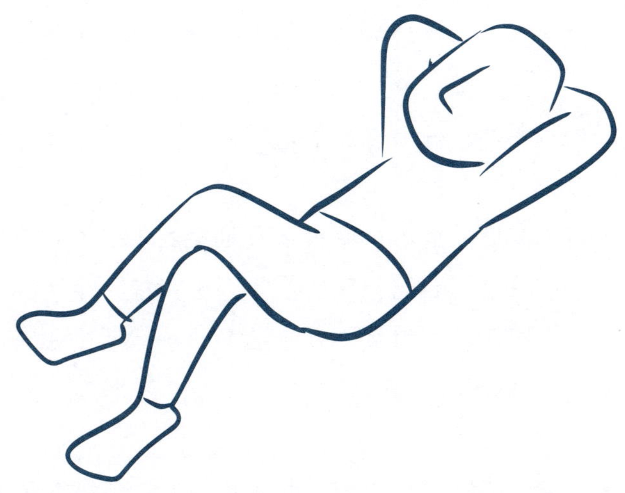

旅行，是暫時離開「安舒區」又折返的一個過程。

旅行是什麼？休息？觀光？尋幽？探秘？認識另一個不同的國度？結識不同種族的人？無論如何，旅行本身可能無甚意義，唯有等待你給予一個專屬於你的意義。這裏有個值得你考慮的意義：生命成長的空間。

旅行的第一個境界先是迷失。走進另一國度，面向不同文化、語言、環境，人必定有種身處異國的迷失感，究竟我身在哪裏？為何幾小時的機程，會突然把我帶到一個陌生地方，有着不同的氣候和環境？迷失未必不好。人在介乎迷失與尋覓之間，會令你產生趣味、興奮和期待。迷失帶來等待，等待將會發現什麼？一種願意改變的動機。

旅行也是一個洗滌煉淨的過程，將自己不想要的部分放下。人需要旅行，因為工作太忙；因為失業失戀；也因為逃避着什麼。你會帶着什麼心情和期望去這趟旅行？你會想放下什麼心靈的擔子？

當你見世界那麼大，我那麼渺小，你就容易放下執著，同時發現自己原來比很多人更幸福，生活的環境並非世上最差最壞；看見別人生活簡單，但活得快樂，自己就無謂自尋煩惱。

如果旅行是一種經歷，每次旅行的經歷累積起來就成為人生的一部分。有時你會突然想起旅行時某個片段，更有時發現如今的一種生活習慣、態度，或對人對自己對事的心態，竟然來自某次旅行學習來的。

所以旅行是一個反復詢問自己的過程。旅行中一面看和感受，也一面反觀自己的光景，漸漸產生目光的轉換。你會有意或無意間，靈光一閃，拾獲一種新的意念和領悟，原來我可以這樣去看問題，原來我是如此一個人，有這樣的性格和特質。這是一種對自己、對關係、對價值觀的發現，擷取可豐富自己的新元素。難怪有些人旅行回來彷彿脱胎換骨。

栽種

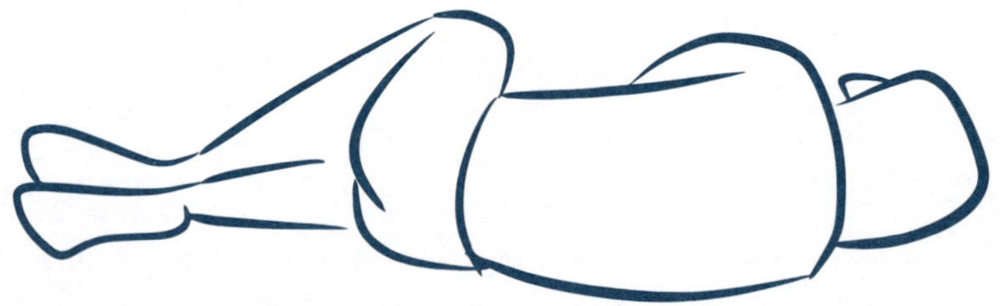

如果等你長大為人父母，才去學習孕育生命，等你父母老去時，才學習面對至親離世，你會否覺得太遲？

栽種植物有助你體會生離死別。

有些朋友對我説，每次栽種的植物都死在他們的手上，永遠是摧花手。不談栽種技巧，單單看着植物的生與死，也了解生命有時很脆弱，需要被保護，被細心地照顧。今早看見花開，晚上那朵花已枯萎。這教曉我們要珍惜生命還在的每一天。

生命可以超越生死。我有一個習慣，每逢看到一些截斷了的枝條，會嘗試浸進水裏，希望再次看到它發芽生根，日後再栽培起來。很多時候，一個原以為死去的生命並未真正完全死亡。只要我們不絕望，生命在枯枝中仍可以孕育出新生命。你看一些被砍下枝幹的大樹，在幾個月後，在砍了的位置，慢慢地發出新苗。我們實在驚訝大自然的生命力。在死裏仍有生命。

生命沒有定案，有時會以脆弱的姿態出現，教你好好去珍惜和愛護，又有時以堅強的身影出現，教你佩服和感到謙卑。

我從栽種植物的過程中，學習什麼是生命，也體會耕耘與收穫的關係，讓我領會到感恩的心。感恩，因為在收成時感到喜悦、回報和成就感。同時，我也要學習接受失敗。當我面對植物的枯死，特別是無緣無故的枯死，我會悲哀、傷心和失望，當然也要放手。感恩和悲哀是共存的。感恩，令我內心回復平靜，讓我遠離悲傷、抑鬱及憤世嫉俗。悲哀，令我們更懂謙卑，一切是上天安排和給予的，我們更應好好珍惜。生命有長有短，有燦爛有愁苦。有時生命可以人為，我們就要學習爭取，如果一切皆天意，我們就不必看得太重。

天氣不似預期，其實生命也不似預期。栽種植物這小生命會使人經歷不似預期的生命力，帶給我們很多生命反思。

做夢

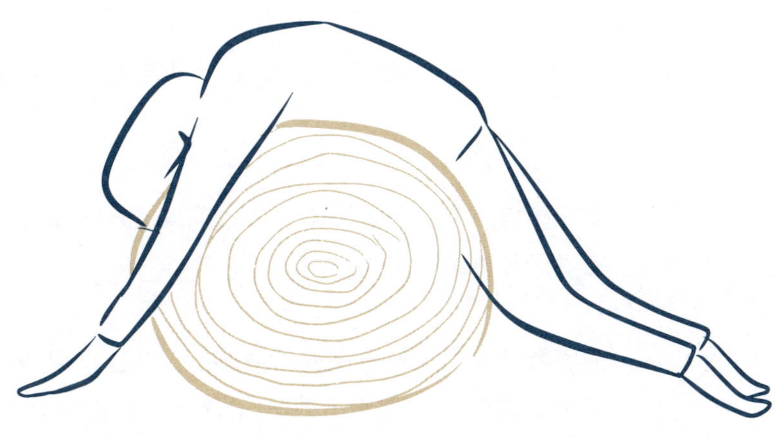

基本上，人類可以控制自己大部分的思想和行動，卻不能控制做夢。

夢是什麼？

在睡眠時候，身體得到放鬆和休息，但大腦仍然在工作，整理白天接收各種雜亂無章的訊息，重新處理、整合。當我們為白天發生的事情去記錄和思考，睡眠就騰出空間去了解。這個夜間「另類活動」，有助沉澱更深層的思想世界。

難怪弗洛依德説夢是「進入潛意識的黃金大道」，認為夢是潛意識的活動，更可以是對自己説出不敢説，不想説的悄悄話。

我曾接受過心理分析（即躺在沙發上讓心理分析師分析），有段日子特別留意自己的夢，並記錄下來，加以反省。聽起來好像不易，但經過操練，便可實行。以下是一些心得：

- 牢記夢境不是生活的日常，必須鍛煉成為一種習慣，嘗試天天去做，像洗臉刷牙。

- 夢境像肥皂泡，一出現就易被忘卻，要在睡醒時或午夜夢迴後，在 5 至 10 分鐘內記錄。最好在牀前放一本記事簿。

- 我們記憶夢的方式不一定依從夢境故事的次序，相反是非常零碎的。不用擔心，儘管記下你記得的一切，印象、感受、人物、對話或片段也好，日後有時間再整理，目的是建立一種習慣。

- 初時你會疑惑記下這些零碎的東西有何用。經歷這個過程，你會對夢境愈來愈深刻，甚至過一段時間，會發現夢境與夢境之間可能有連繫。

- 解夢是：問自己在夢中的感受；夢中的角色多數有一個代表你，這究竟説明什麼；夢中發生的事與生活和過去的經歷有什麼關係。

- 最後，每星期抽一點時間，回看夢的紀錄，問自己：為何我的潛意識要做這個夢？當中反映怎樣的心情和心態，又有什麼我日常不敢面對，不敢正視的事，要透過夢去説出來的呢？

有個受助者曾説她有個偶爾重複的夢境。她會夢見自己飛上半空，自由地飛去做想做的事。這種飛行能力有時會失靈，人雖不致下墜，但仍浮在半空，動彈不得。我仔細地跟她去分析，發現她為人事事安排得很周全，滴水不漏；稍有差池，就會煩躁起來，正像飛行失靈的情景。

我們雖不能控制何時做夢，更沒法控制做夢的內容。只要細心留意，可能發現夢正反映你的內心世界。

感恩

有一件事，免費的，又可以帶給你快樂，這就是感恩。

感恩不只是説聲多謝，而是帶着一顆感恩的心。這事雖是免費，卻也不易，因為人會自製障礙，令自己忘了感恩，不懂感恩。

什麼障礙？感恩的相反不是「不感恩」，而是「自我」。自我令人不會感恩。

感恩的心其實是心境的轉換，由自我出發到由他人出發。自我的人只會覺得什麼都是屬於自己，歸功自己。例如，自我的人會覺得所有事和物都是應得的；應份的，所謂 take it for granted，以自己為世界的中心。他們認定一切都是由他一手努力而獲得的。即使他們有時都會相信運氣，但是仍認為幸運本應屬於他們的。一旦遇上不幸，就怨天怨地。當然，他們擁有的一切雖是他們努力賺回來的，但是今天賺到的東西，實在有其他人的努力和支援。這個世界不能由一個人建造出來。而且，今天每個人賺錢的機會和能力，也並非必然的。健康不是必然，時機也不是必然。

另一個極端是，有些人總覺得自己很多缺點和缺乏，這種人不但不知足，而且只會看到負面，自然沒發現可感恩的地方。

懂得感恩的人在任何境況都可以換轉角度，換轉心境。他們可以以一種超越自我的位置看事物。例如，他們明白自己的限制，接受別人的幫助，發現別人在自己身上的恩惠；看出別人會有比自己優勝的地方；懂得細味每一個時刻，發現當中的美好，享受其中；同時，也會放過不完美的自己，原諒會出錯的自己；看通舉頭三尺有神明，知道世事有造物主的掌管，人是如此渺小。更重要是，感恩令人會珍惜，把人生當中的美好玩味留住。

感恩，是破除自我的過程，也是連結人和連結真正自己的方法。快樂時要感恩，令快樂加倍；失落時，也要感恩，加增生命的長度和深度。

結語：苦難時代，躺着面對恐懼

本書開首是耶利米先知的話。首尾呼應，我再以他的話作結：

「因為主雖使人受苦，還要照他豐盛的堅愛施憐憫。因為他並非由衷而使人遭苦難，他並不甘心使人類受苦。」

〈耶利米哀歌〉3 章 32-33 節
（呂振中譯本）

以上是一節是很弔詭的經文。究竟上帝想我們受苦，還是不想我們受苦？

可能，上帝想我們藉着苦難和恐懼，就是最脆弱的時刻，叫我們可以赤裸裸地、真誠地面對自己，面對祂。

恐懼，是求生本能。人一出生，當有感覺開始就有焦慮和恐懼。這幾年，我們面對前所未有的苦難，天天充斥着焦慮和恐懼，令我們好像活得很痛苦，彷彿沒尊嚴。

我們唯一值得恐懼，就是恐懼本身。所以，我們要學習對抗恐懼和焦慮。

躺平，擴張心靈空間

躺平，是為了創造「心靈空間」，這空間讓人去消化和轉化這些恐懼和焦慮，從而回歸到一種平靜安穩的狀態，英文叫 equilibrium，弗洛依德則叫這過程是恆常原則（Principle of constancy），即人從失衡（太多或缺乏的滿足）的狀態，回到原點平衡的狀態。

我們原非沒有心靈空間，乃是被密密麻麻的生活和內心深處的焦慮奪去了。生活，就是重尋和擴張這份空間。

躺平對於心靈空間的意義是：

1. 留心靜聽

安靜並非無聲，安靜和聆聽本是分不開的。相反，安靜令人聽見更多聲音，發現內在一個不同於外在的空間，使頭腦更清醒。內在聲音和對別人的迴響，甚至上帝的召喚和密語，就在這空間微微地迴盪。

2. 幫助平衡

人之所以要快是因恐懼危險而推動的逃亡反射行為。快與慢之間要取得平衡。我們從素描中看見胎兒的活動，是非常緩慢的，為了維持合理的心跳頻率；慢，可以創造生存的空間。慢，讓人重尋呼吸，重設心跳，重獲感覺，重新反省意義，正如我們在安睡時的呼吸一樣，洗滌內心的躁動，尋找自己的步伐，是休養生息之道。

3. 調整距離

人因為內心的缺乏，無意識地越界，被驅使去奪取本不屬於自己的東西、時間、空間甚至關係，乃是一種很自我的擁有（narcissistic possession）。人愈想僭越，愈失去自由。人要擺脱自我，就得認清自己的軟弱和需要，接觸那份哀傷，也同時認清他人的脆弱與良善，發展同理心，情感上才有能力去學習分離，尋找人際關係和情感上的一個合適距離。

4. 專注當下

當我們説當下，其實已經包含了過去、現在與將來，因為心靈是無時間（timeless）的空間。人內心的經驗和潛意識不停徘徊在時空交錯之中。昨天的經歷可以不停重演，當下的感覺或許是昨天遺留的印象，對將來的無望是今天失敗的影響。

因而，當下就是這一刻實實在在的人與人同在、互動和感覺。存在（be present）就容易對焦；容易對焦，就容易穩妥地把握心靈空間，幫助回復平衡。

面對轉變，回歸原點

表面上，我們覺得上帝好像使人受苦；其實祂不想見我們受苦，只想我們看見祂。

心靈空間是要讓人從失衡回歸平衡，回歸神做人的原點，重新遇見自己，看見自己，經歷自己；同時，遇見主，看見主，經歷主。

豐盛的慈愛憐憫

祂以豐盛的慈愛憐憫，賜下屬靈的「平安」。平安（Shalom）包含了「在主裏一切會被完滿」的意思。

我們決定留下，即使眼見每況愈下，即使對將來一無所知，即使會不斷反復懷疑，擔心後悔。我們靠着那信心，學習踐行 Shalom 的見證。知道平安不是從「確知」而生，而是在未知中咬緊牙關、定睛確信主會按着祂的心意成全我們。

沒存心要人受苦

生命交織悲歡離合，正是《聖經・傳道書》中提到「凡事都有定期，天下萬務都有定時」，說明上帝才是掌管萬事萬務的主，人看不透的，神卻心中有數。

神沒存心要人受苦，只願人在屬靈上成長。縱是「分離」和「苦難」，祂讓人經歷和超越「生命的過渡期」（life transitional period），最終如蝶蛻變。

毋忘初心，你以為今日留下的決定純粹為了自己和家人？

非也，實在是為了主，踐行祂的心意。

願這書獻給主耶穌基督，因為祂與我同工。

你的弟兄

Ringo